感谢腾讯金融科技（FiT）对本项目的资助

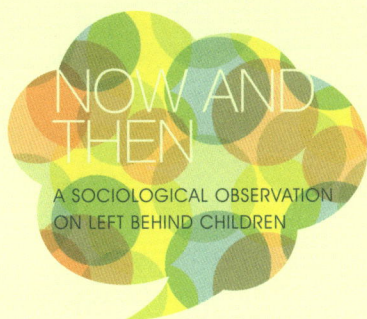

NOW AND
THEN

A SOCIOLOGICAL OBSERVATION
ON LEFT BEHIND CHILDREN

前世今生

留守儿童社会形态的多样化考察

田丰　郑少雄 —— 著

社会科学文献出版社

SOCIAL SCIENCES ACADEMIC PRESS (CHINA)

目 录
CONTENTS

引　子

2017 年 8 月 26 日，中国社会科学院国情调查与大数据研究中心"留守儿童"课题组的几名成员，坐在福建莆田市秀屿区东庄镇陈靖姑祖庙广场边上的一个农家乐餐厅包间里，等着吃午饭。东庄镇是著名的"莆田系医院"的发源地，现在也仍是最重要的基地。和他们坐在一起的有：莆田系医院的鼻祖陈德良先生。他的事迹已经在许多媒体上公开披露过了，现在是陈靖姑祖庙管委会主任。东庄镇 QS 村的村支书卓先生，村委会主任林先生。陈先生稍微来迟了一步，卓先生用莆田话向他介绍我们的来意，最后一句话是：在咱们这里阿公阿婆带孙子生活太常见了，不知道为什么他们外面的人把这当成一件大事情。

陈先生和林先生也点头称是。

在陪同家访的过程中，卓先生就已数次提到，早年他在外面讨生活时，他的儿子小卓先生也是留守儿童。小卓先生刚出道时，他自己的孩子又沦为留守儿童。只是后来小卓先生成功了，他的孩子才有机会跟去大城市读书，现在干脆又独自远渡重洋去了美国，成了国际"反向留守儿童"。

现在莆田系中呼风唤雨的许多"富二代"，大多曾经是"留守一代"。对于习惯背井离乡的福建人而言，父母与儿女的分别，是一件普通到不值得引起惊讶的事。留守与否，在他们看来并不需要特别的关注。

留守儿童的状况究竟如何？沿海与内地、富裕与贫困、汉族地区与少数民族地区、读书与出家、在家留守与独自外出的儿童的心路历程又有哪些相似与差异？这值得我们一一去仔细探究。

第一章

留守儿童的文献回顾和研究设计

改革开放以来，伴随着农村大量剩余劳动力向城市转移，留守儿童问题也逐渐出现，可以说，它是一种特殊的结构性社会问题，是我国社会转型与经济转轨过程中存在的城乡二元结构体制、区域发展不平衡等不合理现象的附属产物。正是在这样一种社会背景下，不少农村儿童被迫留守家乡或者被寄养在亲戚朋友家，进而处于一种"缺失型"的成长环境，这使他们在个体安全、心理健康、学习教育等方面存在隐忧。而且，近年来有关留守儿童自杀、犯罪等内容的新闻层出不穷，"贵州毕节留守儿童服农药自杀"① 等新闻更是让人触目惊心。应当说，留守儿童问题是当前极其重要的、关键性的议题，它是切实关心下一代成长、改善民生、打破城乡二元结构、消除区域发展差距、化解社会矛盾②、促进社会和谐稳定的现实着力点之一，也是社会各界无法回避的热点社会问题和重要议题。

---

① 《贵州毕节4名儿童集体喝农药自杀事件调查》，新华视点，http://news. xin-huanet. com/2015 - 06/11/c_127906281. htm。

② 杨国才、朱金磊:《国内外留守儿童问题研究述评与展望》，《云南师范大学学报》(哲学社会科学版) 2013 年第 5 期，第 113 ~ 119 页。

一 留守儿童及相关概念

目前，各级政府部门、学术界、社会慈善组织、企业、学校等机构对留守儿童这一特殊群体及其引发的社会问题均表现出高度的关注，并利用自身独特的视角和资源等对这一问题展开研究和报道。但是，"留守儿童"作为其中最为关键的学术概念依旧缺乏一个明确的界定和定义，而且根据不同概念界定而进行的数据统计也存在较大差异，甚至导致数字推算也存在极大的差异。通过文献梳理可知，与"留守儿童及其问题"相关的概念主要包括"留守问题"、"第二代留守儿童"、"曾留守儿童"、"再留守"、"完全留守"、"缺父留守"、"缺母留守"、"流动儿童"等。

（一）留守儿童的界定

正如前文所言，"留守儿童"的定义尚不统一，但国内外学者大多从留守儿童的年龄、父母外出的数量和父母外出打工的时间长短等特征来展开论述。我国最早提出"留守儿童"概念的当属上官子木，他于1993年在《隔代抚养与"留守"儿童》一文中认为，"留守儿童"是特指父母亲出国而被留在家中由祖父母照顾的儿童[①]。而随着社会的不断发展，"留守儿童"这一概念的内涵和外延也得以不断扩展，逐渐强调："因父母双方或一方外出打工而留守在家的儿童"也应当属于留守儿童。国内最早是孙顺其（1995）基于此含义进行留守儿童问题研究的，并撰写了题为"留守儿童实堪忧"的文章。同时，近年来学界对于

---

① 上官子木：《隔代抚养与"留守"儿童》，《父母必读》1993年第11期，第16~17页。

留守儿童的年龄、父母外出的数量和父母外出打工的时间长短这三方面逐渐达成共识，具体如下。

1. 留守儿童的年龄界定

对于留守儿童的年龄界定曾经存在一定的争议，比如 2007 年以前，段成荣等界定为 14 岁以下，吴霓等界定为 6 ~ 16 岁，邹先云界定为 16 岁以下，叶敬忠等界定为 18 岁以下。但是通过梳理相关文献可知，2008 年以后学界对"留守儿童"的年龄界定逐渐趋于统一，即 18 岁以下。比如，段成荣的研究中，将留守儿童年龄界定调整为 18 岁以下；2010 年全国妇联课题组在《我国农村留守儿童、城乡流动儿童状况研究报告》中将留守儿童的年龄界定为 18 岁以下（0 ~ 17 岁）。[①]

2. 外出父母的数量

大部分研究认为，父母双方或一方外出的儿童都可以被视为留守儿童。相应的留守儿童家庭结构被划分为父母均外出流动家庭和单亲外出流动家庭（母亲外出流动或父亲外出流动）。也正因为如此，《2017 年中国留守儿童心灵状况白皮书》把农村留守儿童分为三类，除了 1000 万父母均不在身边的"完全留守"外，还有"缺父留守"、"缺母留守"等类型。[②]

3. 父母外出时间

大多数文章对父母外出时间未加限制，仅以"长期在外务工"笼统带过。在一些调查研究中，研究人员为便于研究的可操作化对留守儿童父母在外务工时间进行了划分，如吕绍清（2007）以每年在外半年以上加以限定；叶敬忠（2009）对中西部地区留守儿童研究中限定为每年在外 4 个月以上；周福林（2006）、段

---

① 《我国农村留守儿童、城乡流动儿童状况研究报告》，http：//acwf. people. com. cn/n/2013/0510/c99013 – 21437965. html。

② 《2017 年中国留守儿童心灵状况白皮书在京发布》，http：//item. btime. com/ 0405vn7o6jf2njul0edv1vf3dih。

成荣（2006）、郝振（2007）等提出参考人口普查界定流动人口的标准，父母外出半年以上的儿童为留守儿童。当然，也有学者认为没有必要限定留守经历的持续时间，比如，吴霓（2004）就基于"留守儿童"的定义强调对父母外出的时间加以限定是没有意义的。[①]

（二） 第二代留守儿童

近年来，诸如《农村留守儿童报告：留守二代已出现　或形成代际传递》、《村小里的留守"二代"》等新闻逐渐在互联网上被热议，不少文章认为，"当年不能随父母外出务工的留守儿童，现已长大成人，并且渐渐也都有了孩子。为了生活，他们中的许多人依旧选择了像他们的父母当年一样外出务工，把孩子留在家乡。于是，第二代留守儿童就出现了"。我们认为，但凡父母曾经当过留守儿童的家庭中的留守儿童，都可以被认为是"第二代留守儿童"或"留守二代"。

（三） 曾留守儿童

一项研究将曾经有过留守经历的儿童作为一个类别，比较他们与其他群体的社会适应情况。研究发现，五类儿童的社会适应总分存在以下趋势：一般儿童的得分均为最高，流动儿童得分较高，单留守儿童居中，曾留守儿童较低，双留守儿童均为最低。与一般儿童相比，曾留守儿童社会适应的总体水平低，自尊低、孤独感强、抑郁高、社交焦虑高，尤以小学生或女生较为明显。因此，所谓"曾留守儿童"是指曾经有过留守经历的儿童。

---

① 吕绍清：《留守还是流动："民工潮"中的儿童研究》，中国农业出版社，2007。

（四）　再留守儿童

近年来也有过诸多关于"再留守"的报道，如《"小候鸟"进城寻爱，却遭遇"再留守"》。① 在相关文章中，对于"再留守"的概念界定还较为模糊，主要包括两个层次，其一强调的是留守儿童假期到城市当中与父母相聚，但是父母由于工作等原因，大部分留守儿童到了城市依旧得不到相应的照顾和关怀，很多还是处于留守状态。其二强调的是留守儿童短暂性地摆脱了留守状态，但是由于诸多原因又再次陷入留守状态。无论是哪一种定义，都是强调留守儿童中出现的"再留守"和"重返留守"的无奈境地。

二　国外对留守儿童的相关研究

有些人认为留守儿童是中国社会特有的现象，实际上国外很多国家在工业化、城镇化进程中都出现了农村留守儿童问题。甚至在一些国际迁移率比较高的国家中，国际留守儿童的数量也不在少数。

（一）　留守儿童产生的原因

国际上，就留守儿童产生的原因分析，不同国家和地区的情况是不同的。国外学者从移民的角度考察了国外留守儿童问题，指出虽然在现代化进程中，欧洲也曾出现过农村人口大规模向城

---

① 《"小候鸟"进城寻爱，却遭遇"再留守"》，http://roll.sohu.com/20120726/n349074267.shtml。

市迁移的情况，但由于移民能够在新居住地获得平等的就业、教育机会和社会地位，几乎没有出现未成年子女与父母分离的情况。但是，在发展中国家的跨国流动中，东道主国家为使生产成本最小化而维持移民工人的过渡身份；在国内流动中，农村移民在城市没有稳定的就业岗位而不得不面临收入、住房及子女教育的障碍，正是流入地存在的制度性壁垒导致留守儿童的产生。从阶层来看，移民引起的留守儿童存在于社会不同层面，但在农村低收入家庭中更为普遍。因此，不少国外学者认为，贫困以及由此带来的资源缺失是产生留守儿童问题的主要原因之一。

（二） 留守儿童分布的区域

不同国家留守儿童的问题和情况是不同的，从现有的资料来看，留守儿童的分布区域主要集中在发展中国家。近年来，东欧、拉美（主要为加勒比海地区）、非洲和亚洲地区的留守儿童数量巨大且呈急剧上升趋势。其中，在亚洲除中国外，留守儿童最多的是菲律宾，根据人口普查的数据估计有 800 多万，而研究者较为保守的估计为 300 万 ~ 600 万菲律宾儿童因为父母在海外工作而留守。有的研究者则认为菲律宾留守儿童约 900 万，占青少年人口总数的 2.7%。在非洲，难民流动特别频繁，同时农村的迁移率特别高，并伴随劳动力的大规模转移，这些是导致留守儿童产生的主要原因。在拉丁美洲的加勒比海地区，学者们主要结合移民性分离的盛行率考察留守儿童的成因。近年来，由于东欧经济移民急剧增加，留守儿童也大量产生。但是，总体来看，大部分留守儿童分布在经济欠发达国家和地区。

（三） 留守对儿童产生的影响

从相关文献来看，国外学者主要从生活、医疗健康、教育和心理等方面考察了留守对儿童产生的影响，具体如下。

首先，在生活方面，大多数留守儿童研究表明："亲子分离会导致儿童生活环境变化，造成家庭组织和功能的无序，给留守儿童带来生活的困难及不适应。"[①] 其次，在留守儿童的健康问题上，部分研究认为儿童父母的早期移民会对儿童的总体健康带来负面影响，由于一些留守儿童的食欲下降，体重开始下降，留守儿童的健康状况普遍低于非留守儿童。再次，在教育方面，国外研究发现移民汇款提高了入学率而降低了辍学率，父亲的移民对儿童的学习成绩有积极影响；同时也有学者认为由于家庭教育的缺失以及要承担更多的家务劳动，留守会对儿童的教育产生消极的影响。最后，在行为心理方面，国外研究表明，亲子分离会导致孩子心理方面的问题，影响社会化进程及其后期的发展。也有部分研究者得出相反的结论，认为留守儿童与父母的分离一般不会对其产生负面影响。

三　当前我国留守儿童的整体状况

（一）　留守儿童的规模

长期以来留守儿童的数量和规模始终没有一个准确的数据。2016 年底，民政部、教育部、公安部等部门公开了对农村留守儿童摸底排查后的统计数字，将父母均不在身边的儿童定义为"留守儿童"，统计显示我国共有留守儿童 902 万。而《2017 年中国留守儿童心灵状况白皮书》把农村留守儿童分为三类，除了 1000 万父母均不在身边的"完全留守"外，还有"缺父留守"、

---

① 周福林、段成荣：《留守儿童研究综述》，《人口学刊》2006 年第 3 期，第 60~64 页。

"缺母留守",估计人数约2300万。21世纪教育研究院、社会科学文献出版社等单位联合发布的《中国流动儿童教育发展报告(2016)》(流动儿童蓝皮书)显示,截至2015年10月1日,全国流动人口总量已达2.47亿,每6个人中就有1个处于"流动"之中,作为流动人口子女的流动儿童和留守儿童这两个群体总数约1亿人。可见,由于"留守儿童"的概念界定不同,统计数据也存在较大出入。

(二) 留守儿童的分布

全国妇联《全国农村留守儿童状况研究报告》中的数据显示,我国农村留守儿童分布十分集中,其数量在全国排名前10的省份分别是四川、安徽、河南、广东、江西、湖南、广西、湖北、贵州和江苏,其中前6个省的农村留守儿童总数占全国留守儿童总数的52%。留守儿童较多的省份多数属于劳动力输出大省,由于劳动力的大规模转移而产生了大量留守儿童。与中西部省份劳动力的跨省流动相比,广东、江苏的劳动力则主要是从较落后地区向发达地区的省内流动[1]。因此,也导致了一定数量的儿童留守在家。而人民网的资料显示,在调查的11个省(区、市)中,农村儿童留守率最高的是湖南(51.3%),其次是重庆(40.0%)和河南(39.2%)。此外,安徽、贵州、云南、广西等地的农村儿童留守率也比较高,分别达到31.3%、29.9%、26.6%和23.8%。农村儿童留守率最低的海南省仅为1.3%,其次是甘肃,农村儿童留守率为5.3%。

2016年3月底以来,民政部、教育部、公安部在全国范围内联合开展农村留守儿童摸底排查工作。截至目前,从范围看,

---

[1] 全国妇联:《全国农村留守儿童状况研究报告》(节选),《中国妇运》2008年第6期,第34~37页。

东部省份农村留守儿童 87 万人，占全国总数的 9.65%；中部省份农村留守儿童 463 万人，占全国总数的 51.33%；西部省份 352 万人，占全国总数的 39.02%。从省份来看，江西、四川、贵州、安徽、河南、湖南和湖北等省的农村留守儿童数量都在 70 万人以上。

（三）　留守儿童的性别结构与监护类型

关于留守儿童的性别结构，全国妇联对 2005 年 1% 人口抽样调查数据的统计分析得出的结论是：大部分省份的农村留守男童多于农村留守女童，农村留守男童少于农村留守女童的省（区、市）只有北京、上海、内蒙古、宁夏、新疆。在全部 5861 万农村留守儿童中，男孩占 53.71%，为 3148 万；女孩占 46.29%，为 2713 万。从各年龄组的性别构成上看，男孩数均多于女孩数，而且年龄越小，性别比越高，这种趋势表现得十分稳定。

在留守儿童监护类型的研究中，父母双方或一方外出打工，必然造成监护类型的变化。段成荣、周福林（2007）认为，留守儿童的家庭结构有儿童单独留守、儿童与父亲留守、儿童与母亲留守、儿童与母亲和其他亲属留守、儿童与父亲和其他亲属留守、儿童与其他亲属留守等六种[1]。高亚兵（2008）将留守儿童监护类型分为四种：留在家里的父亲或母亲一方的单亲监护；由祖辈（爷爷奶奶、外公外婆）抚养的隔代监护；由与儿童父母同辈人（亲戚朋友）来抚养的上代监护；由哥哥姐姐照顾的同辈监护。

---

① 段成荣、周福林：《中国留守儿童状况研究》，*China Population Today* 2007 年第 Z2 期，第 29 ~ 第 36 页。

四 国内有关留守儿童问题的研究

从某种意义上讲，如果留守儿童与其他儿童相比，不存在明显差异且不会在将来带来社会问题的话，就没有必要研究留守儿童，而事实是，留守儿童可能潜藏着比较多的社会问题。目前关于留守儿童问题的研究主要集中在精神健康问题、教育问题、犯罪问题、自杀问题、社会救助等。具体如下。

（一） 留守儿童精神健康问题研究

农村留守儿童焦虑水平普遍比非留守儿童高，但特质焦虑水平两者没有显著差异。周青云强调，留守儿童群体当中有较严重的心理危机，主要表现为：脾气暴躁、焦虑自闭、自暴自弃、消极自卑等[1]。

而对于留守儿童精神健康的影响因素方面，大部分学者的观点是一致的，都强调社会、学校、家庭及儿童自身等多因素对留守儿童的精神健康具有重要影响，是上述因素共同作用的结果。也有学者认为，我国农村留守儿童成长方式呈现出社会支持的朋辈性、亲子关系的残缺性、教育管理的松散性、社会交往的闭锁性与自主性等特点，这种特殊的成长方式对其心理健康既有消极影响也有积极影响。

（二） 留守儿童教育问题研究

在留守儿童的教育问题方面强调的是，家庭教育的缺失影响

---

[1] 龚开国：《农村留守儿童焦虑现状及其个体差异》，《中国健康心理学杂志》2008年第4期，第466～468页。

了留守儿童身心健康发展，从宏观的角度认为留守儿童家庭教育的缺失不仅延缓了农村教育的发展进程，也不利于进一步提高农村人均受教育年限，易造成城乡分化的社会结构。也有学者认为，亲子教育缺失、家庭环境恶化等因素会导致留守儿童心理产生疾病，导致留守儿童人生观、价值观的偏离，甚至导致留守儿童越轨和犯罪问题。对于留守儿童教育问题的解决对策，迟希新有过一定的论述，他建议开展和倡导以帮助农村留守儿童为主题的义务支教活动，开发以促进留守儿童道德成长为目的的特殊课程或校本课程。也有学者强调，应当重视教师在留守儿童教育中的重要性，强调教师在留守儿童的教育方面应当做到如下几点：师爱关怀，激发求知欲；加强课外辅导，因材施教；加强家校联系，形成合力，共同促进学生成绩的提高等。

（三）　留守儿童犯罪问题研究

近年来，留守儿童犯罪案件逐年增加，有学者总结认为，主要有以下特点：第一，呈现低年龄、低文化的发展趋势；第二，大多为财产型犯罪；第三，犯罪多以团伙的形式进行；第四，犯罪具有反复性。

对于留守儿童犯罪的原因，大部分学者认为主要包括经济、政治、教育和心理等几个方面。首先是经济方面。经济因素是其他社会因素作用的基础。由于农村的经济发展水平较低，城乡二元经济体制的影响导致城乡之间差距拉大，农村经济发展远不及城市，生活比较贫困，尤其在一些西部地区，交通闭塞、物质资源严重匮乏，这些客观环境刺激着留守儿童的犯罪欲望，他们为追求物质利益、满足自己的欲望，免不了会实施犯罪。

其次是制度方面。我国的户籍制度存在比较大的缺陷，进城务工的农民工享受不到与城市人口相应的医疗、就业、住房、养老等方面的保障，他们的子女不能像具有城市户口的孩子一样平等地享受在城市中受教育的权利，虽然现在国家的有关政策在向农民工子女城市受教育方面倾斜，而且城市中不乏许多打工子弟学校，可是高昂的借读费，以及初中毕业后要返乡就读高中，使农民工不得不将他们的子女留在农村，由于农村相对比较落后，再加上他们缺乏必要的管教，所以导致留守儿童的犯罪率上升。

再次是教育方面。留守儿童缺乏必要的家庭教育，而这个时期留守儿童的辨别能力比较差，在家庭中得不到合理周到的教育，所以社会上不良文化和知识就会乘虚而入，影响留守儿童的身心健康，极易使留守儿童走上犯罪的道路。

最后是心理方面。良好的家庭氛围、和谐的亲子互动会对儿童的心理发展产生重大的促进作用。目前农村留守儿童的心理问题十分突出，由于父母长期不在身边，平时很少与其进行情感沟通，而且留守儿童在一定程度上缺乏和同伴的交流与心理支持，致使留守儿童产生一些心理问题。

对于留守儿童犯罪问题的解决对策，有学者强调，主要包括：加快农村经济发展，消除城乡差距；进行户籍制度改革，推动城乡一体化的发展；完善对留守儿童的家庭和学校教育，特别是要增强对他们的法制教育；加强对留守儿童的心理健康教育；建立对留守儿童的长期监测体系，时刻全面、及时掌握留守儿童的动态等措施。

（四） 留守儿童社会救助研究

众所周知，留守儿童享有请求政府依法维护其生存和发展基本权利的社会保障权。因此，农村留守儿童生活保障权、照管保障权、教育保障权、健康保障权的实现措施中体现了社会救助的内容。有学者强调，留守儿童基本人权的保障明显存在问题，需要加强法律救助。

陆士桢指出在留守儿童的救助服务工作上，应尽快实现体系上的建设，给予留守儿童的救助保障以制度上的保证。现代社会救助内容主要有最低生活保障、教育救助、医疗救助、住房救助、司法救助和特殊救助等项目。农村留守儿童社会救济主要涉及最低生活保障、教育救助、医疗救助、司法救助等方面[①]。

刘欣然认为农村留守儿童存在教育保障不足、安全保障失保、生活保障失衡的问题，应通过完善相关法律和政策、加大对农村教育的投入、建立农村留守儿童档案、充分发挥家庭保障的功能等解决这些问题。

也有学者在研究中关注了农村留守儿童基本生活、照管、教育、健康等社会保障权的实现问题。其中，基本生活保障方面依赖社会救助制度来实现，教育保障权应通过政府减免部分符合条件的农村留守儿童的学杂费与教材费和强化寄宿制学校等制度安排来予以解决，健康保障权需要依赖疾病预防和新型农村合作医疗与农村医疗救助加强保障。

（五）留守儿童自杀现象研究

贵州毕节留守儿童自杀事件发生后，留守儿童自杀现象引起了社会各方的高度重视。有学者强调，留守儿童问题是中国社会"大转型"时期的独特社会问题，从儿童社会保护政策视角来看，留守儿童面临着物质性、心理性和社会交往及社会适应三大困境。

贵州毕节留守儿童自杀事件则反映了我国的社会救助理念没有实现由消极救助向积极救助的转变，救助工作缺乏立法支撑和强制，救助方式单一，救助部门之间缺乏管理、协调和沟通，农

---

① 陆士桢、孙冉冉：《儿童社会服务组织与流浪儿童、留守儿童救助》，《广西青年干部学院学报》2013 年第 6 期，第 21~25 页。

村基层救助力量薄弱等诸多问题。为应对挑战与不适，我国的社会救助应在立法、理念、方法、管理、队伍建设方面加以改进和完善，以充分发挥社会救助作为社会保障的最后一道防护线和安全网的作用。

农村留守儿童是我国当前快速城市化发展阶段的独特产物，而留守儿童自杀现象凸显意义关怀危机。在家庭教育缺位和农村社区教育弱化的情况下，意义关怀应该成为农村留守儿童学校德育的重要内容，因此，教育者要关注和关怀留守儿童生命和生活意义的生成，激发儿童内在的生命潜能，从而促进他们以积极的心态面对留守生活。

五 个体生命历程视角下的留守儿童研究

结合相关文献，研究者尝试使用生命历程理论对我国留守儿童研究进行一个述评。在正式进行述评前，首先必须区分一下"生命历程理论"和"生命周期理论"，不少学者在使用上述两个理论和概念时通常容易混用。

生命历程理论最早来自社会学芝加哥学派对移民问题的研究，侧重于研究剧烈的社会变迁对个人生活和发展的影响，将个体的生命历程看做是更大的社会力量和社会结构的产物。生命历程理论的基本分析范式，是将个体的生命历程理解为一个由多个生命事件构成的序列，同样一组生命事件，若排序不同，对一个人人生的影响也会截然不同。比如，这样一组生命事件：（1）上学；（2）丧父；（3）就业，以上三者的排序不同对一个人的影响也是不同的。

基于对生命历程理论的基本解读和理解，我们发现，似乎真正意义上的生命历程理论视角下的留守儿童研究更多地应当是探讨和研究：留守这一经历或者是困境放在一个人的不同阶段对个人人生的影响是不同的。换言之，比如，留守经历放在童年，即留守儿童，留守经历放在老年，即空巢老人，这是第一种解读；如果仅仅针对留守儿童而言，按照通常的界定是 18 岁以下，那么这样一个年龄阶段可以被分为"未满 1 岁为乳儿期"、"1～5为幼儿期"、"6～11 岁为学龄期"、"12～17 岁为青春期"，那么，按照生命历程理论，我们就应当探讨留守经历出现在儿童的不同时期对留守儿童的影响有何差异，比如，留守经历在乳儿期、幼儿期、学龄期和青春期对于儿童的影响差异，以及不同时期当中不同类型的留守是否有不同影响。

　　当然，从我们的思考来看，以往的研究似乎并未真正使用生命历程视角，更多只是简单地梳理了不同阶段的留守儿童，并未比较留守经历作为一种生命时间被放置在儿童的乳儿期、幼儿期、学龄期和青春期的影响的差异。换言之，绝大多数所谓的生命历程视角下的留守儿童研究只是片面地使用这一概念，更多意义上来说，他们使用的是生命周期理论。

　　基于对生命历程理论、生命周期理论的理解，我们尝试构建两条生活脉络：第一条是留守经历在乳儿期（婴儿期）、幼儿期、学龄期和青春期对于儿童的影响差异；第二条是留守经历自身的生命周期：留守前、留守中、留守后、再留守等。

　　从第一条生活脉络的分析路径来看，大部分研究者研究的还仅是学龄期、青春期中的留守儿童，对于幼儿期遇到的留守问题关注较少，同时，我们发现，没有对青春期以后的内容进行研究，即留守儿童到留守青年，这样一种过程当中，留守儿童极有可能演变为问题青年，但是目前也很少使用一个追踪的视角对留守儿童的成长后续演变过程进行研究，比如是否有留守儿童演变为乡村混混，这样一种生命历程梳理方式的研究是极为少见的。

　　从第二条生活脉络的分析路径来看，对于留守中，或者说是初次留守的研究比较多，但是对于再次留守、重返留守的研究几乎没有，虽然近年来有一些报道，但是系统性地对这一现象进行研究的几乎为零。

大部分研究关注的是留守儿童"留守中"这样一个阶段，对于"留守后"与"再留守"等状态没有进行充分的研究，事实上，我们应当把留守当作一个历时性状态来看待，换言之，应当使用一个历程视角对留守的"生命历程"和"生命周期"进行一个全面性、系统性的梳理。

第一，应当及时关注留守儿童的"留守后"和"再留守"（或者是"周期留守"、"间歇性留守"）等问题。当然，包括"留守"的代际传承也是我们需要关注的话题，换言之，即"留守儿童二代"问题。目前也已经有学者提出了有关"留守儿童的下一代还是留守儿童吗"的疑问，其中还详细解释了日本的"待机儿童"的情况。

第二，"留守经历的消亡史"或者是"再生史"，事实上也是一部"抗争史"，不仅应当关注留守儿童本身，还应当运用口述史等方式记录下他们从留守到走出留守的个人生命心路历程，也应当运用相关方法将外在力量和留守儿童自身对留守问题的抗争内容记录下来。

基于上述分析，我们可以绘制如下表格（见表1-1）。

表1-1 不同生命周期留守儿童的主要问题和解释理论

留守经历所处阶段	面临的主要问题	研究视角、理论
乳儿期	母乳（喂养）问题、心理依恋问题、认知问题	社会化理论、人格认知理论、生物学
幼儿期	语言能力、认知发展问题	非亲社会性行为理论、认知发展理论
学龄期	人际交往、沟通问题、教育问题、营养健康问题、人格发展问题	人际交往理论、社会工作理论、社会支持理论
青春期	教育问题、心理问题、犯罪（越轨）问题	越轨理论、偏差行为理论、社会化理论等

六　研究设计和调研选点

　　根据对以往研究的综述，总体上可以判断出留守儿童现象与地区的经济社会发展环境有直接的联系，是地区经济社会发展和人口流动的伴生现象，因而，在研究设计的过程中要充分考虑中国地域间的差异、留守儿童及其家庭的多样性，以及在他们生活中暴露的不同问题。

　　按照经济社会发展水平，我们选择了具有典型性的四类地区：以农业生产为主的贫困地区（四川）、以跨省外出务工为主的前工业化地区（甘肃）、结合外出务工和本地务工的工业化中期地区（重庆）、以外出经商为主的经济发达地区（福建）。这四类地区基本上沿着工业化发展的路径分布在不同阶段上，能够刻画出中国社会变迁的丰富性和复杂性。这四个调研点的选择还特别考虑了这四个地区目前都是中国人口流出的主要地区，却存在不同特点：①四川省选择的是与西藏交接的藏区，这里的人们还习惯于农耕社会的生活，而且有着强烈的宗教信仰。在宗教的影响下，他们更容易获得内心的平静，外出务工的动力并不大，整体上还处于工业化社会之前的男耕女织阶段。②甘肃省目前人口外出的主要流向是西北地区，包括陕西、新疆等地区，既有务工的，比如工程建筑和修公路，也有务农的，比如在新疆摘棉花。与其他人口流出大省相比，甘肃外出务工属于后发者，他们出现大规模人口外出务工比中部地区和西南地区要晚。③重庆地区近年来工业化明显提速，引入了相当数量的劳动力密集型企业，并建立了多种产业链，能够吸纳一部分劳动力。重庆地区的人口流动也由此出现了比较大的变化，从以往大规模的向东南沿海地区流动转向部分回到本地务工就业，整体上处于工业化中期阶段。④福建作为沿海经济带重要的省份，经济发展总体上已经进入工业化中后期。在改革开放之初到 90 年代，福建也出现了外出经商务工潮，而随着经济发展，目前外出家庭主要是以经商和做管理为主，务工的比例较低，因此，这里的留守儿童家庭在经济条件上相对是比较好的。

考虑到留守儿童实际上是人口流动的伴生现象，地区经济社会发展和人口流动的差异性都会导致留守儿童特点的不同，由此，我们也可以通过这四个调研点的调查梳理出留守儿童的变动特点和发展轨迹。

第二章

一校一家一状元

——留守儿童报告之甘肃篇

一 背景信息

甘肃省张掖市 SHD 县地处河西走廊中部,属张掖市管辖,是塞上明珠、丝路重镇张掖的东大门。东邻永昌、南接青海、北靠内蒙古阿拉善右旗,南北长 148 公里,东西宽 89 公里,土地总面积 5402 平方公里(折合 810.36 万亩)。可耕地面积 85.71 万亩,常年耕种面积 46 万亩,草地、荒地 365.83 万亩,人均占有水资源量不足 600 立方米,分别是全国、全省和全市人均水资源占有量的 27%、52%、48%。2016 年一般公共预算收入 3.43 亿元,大口径财政收入 7.71 亿元。2016 年城乡居民人均可支配收入分别只有 21010 元、11530 元。

SHD 县是一个拥有近 21 万人的农业县,农村在外务工人员达 6 万多人,占全县农业人口的 50% 以上。夫妻一方在外务工和夫妻双方共同在外务工的现象非常普遍,因为无力或从经济角度考虑而未将其子女带入城市生活、上学读书，从而导致留守儿童现象的形成和问题的产生。全县农村义务教育阶段学校（教学点）29 所，共有学生 4866 人，父母双方均在外打工的留守儿童人数为 1969 人，占农村学生总数的 40.46%。同时，从该县城区学校情况看，城区学生 65% 来自农村，留守儿童不仅在农村存在，在县城也同样存在，城区学校中农村户口学生，父母双方外出，由祖父母等监护在城区居住、就读的留守儿童有 1317 人，占城区学生总数的 11.78%，这也形成了一个新的留守儿童群体。

SHD 县现有义务教育阶段学校 34 所，其中农村学校 28 所。全县有独立初中 2 所，其中农村 1 所；九年一贯制学校 4 所，其中农村 2 所；完全小学 22 所，其中农村 19 所；农村教学点 6 所。目前，全县义务教育在校学生 16576 人，其中初中生 5001 人，小学生 11575 人。农村义务教育在校学生 5312 人，其中初中 2477 人，小学生 2835 人。15 所农村寄宿制学校共有寄宿生 2992 人（其中小学 1113 人，初中 1705 人，九年一贯制学校 174 人）。学校可提供床位数 3328 个，能完全满足寄宿学生住宿需求。2016 年，SHD 县义务教育巩固率达到了 99.71%，留守儿童入学率达到 100%。

在 SHD 县的调研中，我们感触颇深，其中找到的最有代表性的案例可以归结为"一校一家一状元"，也希望通过这三个故事能够说明西北缺水贫困地区的留守儿童真实的生活状况。

二 一校——SHD 三中

走进 SHD 三中，映入眼帘的六个大字是："知识改变命运！"从硬件条件来看，绝对不会想到这是一个坐落在贫困地区的学校，明显高于周围其他建筑物的教学大楼，崭新的塑胶跑道，绿树成荫的校园。三中坐落在县城 40 公里以外的小镇上，从学校的名字就可以看出，这是一所历史悠久且辉煌过的学校。曾经，这所学校是远离县城的农村孩子们最好的选择，但现在，随着教育改革和人口城市化的影响，已经日趋衰落。

图 2-1 SHD 县第三中学

从学校的简介来看，这所学校创立于 1958 年，曾经是一所融合了初中、高中全年级的高级中学。在 1999 年，随着生源的减少，高中停办，2008 年改为九年一贯制寄宿制学校，包括小学六年、初中三年。从学校的宣传海报上可以看到，2011 年，这所学校还有 600 多名学生，其中留守儿童 525 人，占 82.67%。

从网上查到的资料也可以发现，在 2011 年前后，该校还能组织起 400 多名学生的兴趣班，说明这所学校在 1999 年撤销高中部之后，小学部和初中部还维持了相当大的招生规模。学校的校长说，600 多人的在校生规模与鼎盛时期的上千名在校生相比，还是有了比较大的下滑。

共享阳光 共建和谐

三中"留守儿童"教育侧记

一、我校"留守儿童"的心理健康现状调查

我校共有留守儿童525名，占学生总数的82.67%，这些孩子大都是留在农村和爷爷奶奶或外公外婆一起生活，部分是和其他亲戚住在一起，个别寄宿在别人家里。在被访问的学生中，5%表示遇到烦心事或困难会冠在心里，28.6%会和自己要好的同学或朋友说，14.3%会和住在一起的亲戚说，只有7%表示会和父母联系。隔代抚养综合症，在这些儿童中显得尤为突出，他们性格孤僻，胆小、固执、自卑心理严重，不爱回家，花钱大手大脚、个别学生有暴力倾向，渴望得到父母关爱。

二、采取的措施

1. 构建关爱农村"留守儿童"工作网络，建立以教师为主体的学校帮扶网络，加强学校、临时监护人，法定监护人与社会的密切配合，建立完善与监护人的沟通联系制度，建立了以团支部、少先队、获委会等组织和志愿者为主体的社会关护网络，在思想上、生活上给予关心，扶助家庭贫困的留守儿童。

2. 建立学校教育和管理"留守儿童"的机制

①摸准信息，建立"台帐"。为了便于系统地探讨这部分"留守儿童"家庭与学教育结合规律，学校全体教师进行了三次摸底，排查及问卷调查，各班均按家庭类别分类，建有留守儿童辅导档案：将这部分孩子家庭状况、父母务工地、临时监护人姓名、年龄、住址及监管儿童个数，留守儿童的心理品质、学习行为、生活习惯等诸多方面进行了详尽记载，作为样本材料和对照依据。

②实行三个优先。学习优先辅导；生活上优先照顾；活动上优先安排。

③多渠道沟通。开展谈心活动和家访工作，增进学校和家长的沟通与联系。

④营造"留守儿童"健康成长的社会环境。认真抓好住宿生管理，建立"留守儿童"服务机制。

⑤开展指导"留守儿童"给父母打电话、写信，加强与家长的亲情交流活动。

⑥开展"我爱我家"为主题的教育活动。

为培养"留守儿童"的良好生活习惯，促进"留守儿童"心理环境的改变，让这些"留守儿童"能在一个和谐、轻松、舒适的氛围中学习和生活，加强教师的服务意识，依据我校的实际情况，我们为"留守儿童"开展了"我爱我家"为主题的学校就是我的家的教育活动。结对老师主要对"留守儿童"的生活习惯进行辅导，如每天的两洗（洗脸、洗脚），按时作息习惯，就餐方面的指导等和对"留守儿童"的学习习惯进行指导。让学生明白，虽然父母不在身边，但老师也会像他们的父母一样关爱他们，有什么困难找老师帮忙，有什么问题找老师解决，有什么心里话可以找老师倾吐，一句话，在学校，你可以把老师当作父母一样来信任。

我们开展关爱"留守儿童"的健康成长工作，也许现在还仅仅是起了个头，但我们相信在众多人的关心和支持下，我们有决心对这项工作进行不断的探索、研究，全力做好这项工程，为社会和谐发展做出新的贡献。

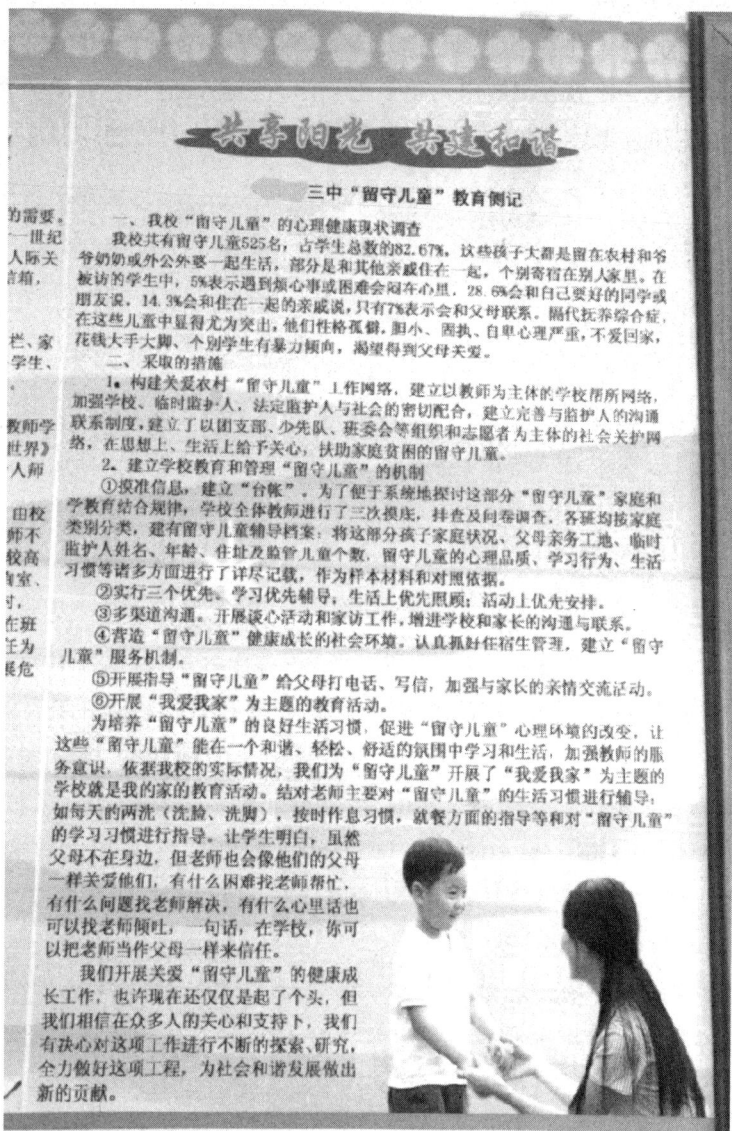

图2-2 SHD三中的宣传图

2012 年之前 SHD 三中的课外兴趣班

SHD 三中乡村少年宫活动场所分室外和室内，这些场所保障了各个社团的活动需求。

室外活动场所：400 米环形跑道运动场 1 块、篮球场 2 块、足球场 1 块、排球场 1 块、羽毛球场 1 块、乒乓球台 4 个。

室内活动场所：音乐室 56 平方米、舞蹈室 58 平方米、绘画室 56 平方米、乒乓球室 48 平方米、手工制作室 20 平方米、书法室 14 平方米、心理辅导站 20 平方米、生理化实验室 56 平方米、多媒体室 56 平方米、电子白板室 56 平方米、图书馆 506 平方米、德育室 56 平方米、校史馆 56 平方米、留守儿童之家 35 平方米。

SHD 三中乡村少年宫成立了 5 个社团、15 个活动社，共有 420 名学生参加。具体活动时间为每周星期一、三的课外时间。

一、体育社团（129 人）

1. 中华武术兴趣小组 54 人　星期一、三课外活动

2. 篮球兴趣小组 30 人　星期一、三课外活动

3. 乒乓球兴趣小组 27 人　星期一、三课外活动

4. 棋类兴趣小组 18 人　星期一、三课外活动

二、美术社团（88 人）

1. 绘画兴趣小组 36 人　星期一、三课外活动

2. 书法兴趣小组 27 人　星期一、三课外活动

3. 手工制作兴趣小组 25 人　星期一、三课外活动

三、文艺社团（112 人）

1. 电子琴兴趣小组 30 人　星期一、三课外活动

2. 合唱兴趣小组 23 人　星期一、三课外活动

3. 舞蹈兴趣小组 39 人　　星期一、三课外活动

4. 口琴兴趣小组 20 人　　星期一、三课外活动

四、科技制作社团（60 人）

1. 计算机兴趣小组 39 人　　星期一、三课外活动

2. 生物兴趣小组 10 人　　星期一、三课外活动

3. 无线电兴趣小组 11 人　　星期一、三课外活动

五、经典诵读社团（31 人）

经典诵读兴趣小组 31 人　　星期一、三课外活动

　　贴在墙上最新的学校简介则让人非常惊讶，上面写着：学校现有初中班 3 个、小学班 6 个、幼儿班 3 个，在校学生 130 人，教职工 53 人。虽然，学校简介上没有写是哪一年，但从时间推算，肯定是在 2011 年之后的事情，而这还不是最糟糕的。

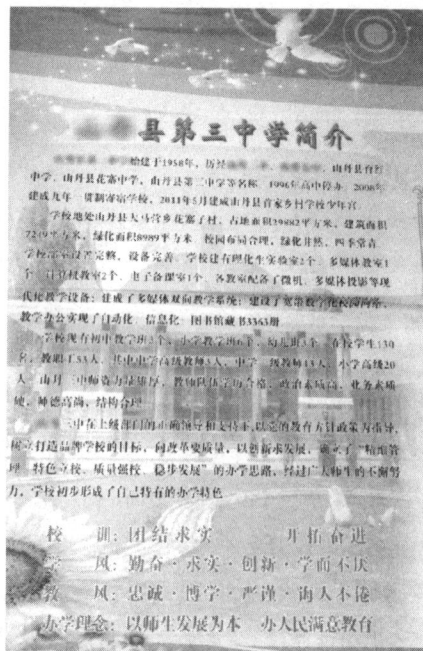

图 2-3　SHD 三中几年前的学校简介

当你看到这张 2016～2017 年度第二学期期末考试监考表的时候，就能发现，这里只有小学的一、二、三、四、五年级和中学的七年级。在小学六年级和初中的八、九年级根本没有学生参加考试。这意味着所谓的九年一贯制学校连基本义务教育的九年都凑不齐。从校长口中得知，学校这几年的生源流失非常严重，2017 年上半年，全校只有 68 名学生，而教职工有 80 多名，平均一个老师还分不到一个学生。目前在校的 68 名学生中，大部分是家居住在学校附近的留守儿童。

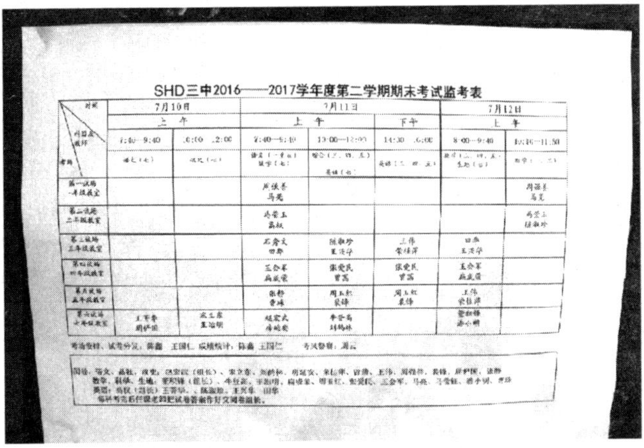

图 2-4　2016～2017 学年第二学期期末考试监考表

校长介绍说，学校里孩子大部分都是低年级的学生，高年级、能够独立生活上寄宿制学校的学生大部分都转走了，尤其是在县里面设立了一个专门的、针对农村留守儿童的封闭式寄宿制学校——育才中学之后，三中的学生数量就大幅减少了。

目前，在中央政府重新重视农村基础教育的情况下，三中每年仍然能够拿到一定数额的专项资金进行学校的修葺和建设，学校的硬件设施近年来仍然得到持续的改善，可学生的流失情况却难以扭转。校长认为造成这种情况的原因主要有两方面：一方面是教学质量的城乡差异在不断扩大，特别是学校的软件和师资配置；另一方面是留守儿童父母更加重视教育，他们出去打工挣钱的重要目的之一是让孩子获得更好的教育。

虽然现在手机和移动网络已经普及，但学校墙上还挂着两部公用电话，这就是专门为留守儿童给父母打电话准备的。以前学生多的时候，每天打电话都要排队，现在学生少了，加上大部分学生都住在附近，家里都有电话，使用率已经很低了，但作为给留守儿童与父母联系的"标配"，学校仍然保留着公用电话。

图 2-5　SHD 三中专门给留守儿童准备的公用电话

由于在三中上学的孩子多住在学校附近，我们就近选择了几户留守儿童家庭进行调研，其中有两户给我们留下非常深刻的印象。

这一户人家从外观上看就明显与其他家庭不同，至今仍然保留着家里 80 年代盖的老房子。家里是爷爷奶奶带着两个孙女在村子里生活，据村主任说，这户人家的生活水平在当地属于中下等，但肯定不是最穷的，只有家里没人出去打工的人家才是最穷的。

图 2-6 留守儿童家的外貌

　　家里的爷爷告诉我们，孩子的父母都在新疆打工，两个孙女一直都是爷爷奶奶在带，父母一年也回不来一趟，最近一趟出去打工已经两年没有回来了。父母外出务工的收入并不高，一个月两口子只能赚 6000~7000 元钱，除去租房、吃饭等固定消费之后能够拿回家的已经不多。他们在家里种地，爷爷的身体不太好，还得看病吃药，平时就照顾两个孙女花点钱，省下来的钱也不够像其他人一样在城里买房。可是看到现在学校的学生越来越少，也在想着是不是和其他人一样带着孙女去城里上学。可是，又担心到城里上学的花费太高，需要租房子，家里负担就更重了。

　　家里的两个孙女一个上五年级，一个上三年级，上五年级的姐姐班上有六个人，而上三年级的妹妹班上只有五个人，姐姐和妹妹放假之后和同学们讨论最多的话题就是要不要一起去城里上学，最后她们和小伙伴们商定，继续留在三中上学。而选择继续在三中上学的理由是：离家近，花钱少。虽然他们还很小，但也懂得父母赚的钱来之不易，尽可能的在为家里省钱。

　　两个孩子的父母为了省钱去年春节都没有回家，孩子和父母平时都是通过微信和电话联系，家里装了 Wi-Fi，基本上每天都可以和父母通话和视频，但家里只有一台智能手机，姐姐和妹妹经常会因为抢手机而争吵。妹妹说，上次挨爷爷揍就是因为和姐姐抢手机。

姐妹俩的性格很开朗，姐姐总是喜欢腼腆地抿着嘴笑，但说到与父母联系，还是有一些忧伤。姐姐说，虽然平时有爷爷奶奶照顾，却更希望爸爸妈妈能够在身边，很多事情爷爷奶奶并不了解，没有办法和他们商量。比如，是否要到城里去上学，她们就只能和小伙伴们一起商量，而不能够让爸爸妈妈出主意，也怕父母担心。妹妹更乐观一些，大概是因为她觉得自己学习比较好，初中毕业之后再去城里读高中、上大学。

姐妹俩的乐观和开朗在调研中是少见的，大概是少年不识愁滋味，更重要的是，两个年龄相仿的小姐妹之间相互的沟通和交流能够相互慰藉，这也改变了人们对留守儿童的刻板印象。

与两姐妹相比，另一户人家的孩子则没有那么乐观。当我们进入下面这个男孩的家里时，这个上三年级的小男孩甚至连头都没有抬，一直在专注地拆装他的魔方，完全沉浸在自己的世界里。不管别人问什么，他都一直低着头，很少回答。实际上，他和上户人家的妹妹在同一个班级里，也是班里五个学生中唯一的男生。与姐妹俩相比，他就没有那么"爱学习"了，而他不爱学习的主要原因是：在班里总是被女同学们一起欺负，毕竟他是班里唯一的男生。

这个男孩家也是我们在多地农村调研过程中发现唯一有台式机的家庭，可以看到电脑上盖着白色的巾布，保护得很好。家里电脑最大的用处并不是让孩子学习，而是与父母视频、沟通。但身边的爷爷却告诉我们，这个孩子与爸爸妈妈的关系很冷淡，从出生之后，父母就一直外出务工，都是他带着孩子。最糟糕的是，父母打电话回家想和孩子视频、聊天，孩子却从来不接父母的电话。即便是勉强拿起电话或者视频聊天，也是和父母什么都不说，有时候听到电话铃一响，就往外跑，如此一来，孩子和父母之间一年到头都不说几句话，几乎没有任何的沟通。

在与孩子沟通的过程中，孩子对父母的记忆就是过年回家带他去县城买衣服、吃饭，在被问及是否会想父母的时候，孩子木讷地摇了摇头。长期没有和父母在一起，没有交流，恐怕这个孩子的生活中，始终没有树立过爸爸妈妈的角色形象，他对父母的无感也被爷爷感受到，因为别的孩子都会想爸爸妈妈，这个男孩几乎从来没有和家里人说过想爸爸妈妈的话。

爷爷说，他们不想去城里上学，因为孩子的父母在外打工并没有什么技术，从事体力劳动的收入本身并不高，如果再去城里租房上学的话，家里的经济压力会很大，而且自己还得在村里务农，也不可能进城给孩子陪读。如果三中取消的话，这个孩子很有可能就会辍学，所以爷爷希望政府能够把三中重新办好，让孙子能够就近上学。

在三中，我们看到的故事显露出一个诡异的循环。随着贫困地区教育资源的集中和学校教育质量的分化，孩子想获得相对高质量的教育就必须进城，而进城上学就需要在城里买房子或者租房子，不论是买房子还是租房子，都需要更多的钱，父母必须出去打工才能够挣到更多的钱。

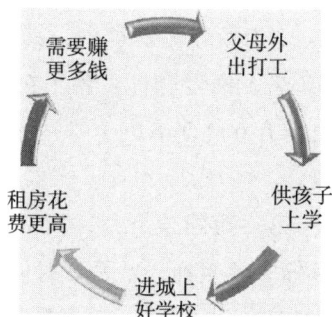

图 2-7 产生留守儿童的循环圈

所以，在留守儿童问题上，我们要重新回到家庭整体利益的角度来看待。对农村家庭而言，他们缺少足够的经济资本和社会资本来改变命运，而唯一可能的路径就是通过考大学来改变现实的生活，也就是知识改变命运。家长帮助子女获得知识改变命运的机会并不容易，他们外出务工赚钱才能让孩子进城上学，获得与其他城里孩子站在同一个起跑线上的机会，进而才会出现父母外出、孩子留守这样以家庭利益为最大化的现象。在实现家庭利益最大化的过程中，父母和子女均有所牺牲，但对农村家庭而言，这几乎是改变命运、获得平等机会的唯一路径。调研过程中我们也能观察到，留守儿童的家庭肯定不是村里最穷的，村里最穷的家庭都是父母没有外出务工或者父母没有能力外出务工的。父母没有外出务工或者父母没有能力外出务工的家庭连改变命运、获得平等机会的路径都不存在，从此种意义上来讲，留守儿童的出现是一种最优选择。而留守儿童是父母外出务工的伴生性社会问题，三中和两个家庭的故事深刻地诠释了这一点。

三　一家——一个留守儿童的大家庭

三中的衰败与另一个学校的崛起几乎是在同一个时间段出现的，崛起的这所学校就是 SHD 县的育才中学。SHD 县育才中学现有学生 2272 人，全部为留守流动学生，其中单亲学生 325 名，老人监管的学生 1318 名，两者合计占到了在校学生总数的 70%以上。据了解该校目前有 600 多名完全寄宿制的学生，其中超过60% 的都是留守儿童。

育才中学 2011 年第一次招生，是一所只有初中三年制的初级中学，其建校的目标非常明确，就是针对留守儿童实行"封闭式"教学管理，全力打造家长满意、学生受益、社会认可的留守流动学生"成长乐园"，破解留守流动学生服务管理难题。短短几年内，育才中学就成为三中等农村地区中学的噩梦，大量的农村地区学生开始从四面八方向育才中学汇集，育才中学俨然成为县城中学里的庞然大物。

在育才中学，我们访谈的学生中，有一位小姑娘的故事最具有代表性和说服力，几乎是最近十年整个农村地区教育的缩影，也就是我们的"一家——一个留守儿童大家庭"的故事。

小姑娘开学就上九年级（初三）了，面临着中考，她的学习成绩很好，总能考到全班第一名。除了这次的期末考试，只考了第二名。她说，可能是因为题目太简单了。小时候，小姑娘的父亲就外出打工，一直是母亲陪着她在县城里读书，而母亲今年也出去打工了。她说，母亲外出打工是因为觉得她长大了，生活上可以自理，可一个不争的事实是，家里的两个孩子马上都要上高中，每年的学杂费就要一万多元，家里的经济压力比较大，外出务工几乎是农村家庭解决经济压力的唯一途径。

母亲离开之后，现在日常照料生活的是她的奶奶、大姨和姐姐们，而这些姐姐们则是故事有趣的起点。小姑娘有一个亲姐姐，却没有在身边上学，原因是学习成绩不太好，在 SHD 县这样中考竞争比较激烈的地区，难以考上县里唯一的高中，所以转学去了外地，希望能在外地上高中考大学。小姑娘在县城里一起的姐姐都是大姨家和其他亲戚家的，小姑娘自己算了算说："至少有五个吧。"除了五个姐姐之外，还有三个亲戚家的哥哥，这些哥哥姐姐和她一样都有一个特点，都是留守儿童。小姑娘说：我亲戚家的姐姐都是这种情况，都差不多吧，也没有太大区别。我们还比较自立，可以自己做饭。

在她的家庭中，哥哥姐姐是非常重要的家庭成员，这是一个不常见的大家庭模式。因为都在县城里租房住，他们大家庭之间的联系很密切，虽然父母不在，但孩子之间的互动非常多，甚至可以说，很多时候都是大孩子带小孩子，为了上学的共同目标在县城里生活。小姑娘对自己哥哥姐姐们的情况了如指掌："一个哥哥去了兰州的甘农大，一个是张掖的河西学院，已经毕业工作，还有一个哥哥已经大学毕业，我也不知道他考到哪儿了，已经结婚生子了。5 个姐姐里面有 3 个已经出去了，一个姐姐去了天津，一个不清楚，好像已经毕业，在那个地方已经工作了，一个今年刚考出去，我也不知道她去哪儿了，正在录取，还有一个姐姐和我都上八年级。"

对于母亲离开自己外出务工，孩子说，这是没有办法的选择，我除了上大学也没有其他的出路，母亲一直等到我上八年级才走，已经要好多了，毕竟在童年时是有母亲陪伴的，与其他的孩子相比已经好多了，其他的孩子都是父母很早就离开他们了。虽然惋惜母亲的离开，但孩子对家庭和家长的苦衷也是理解的，对于未来她也有很清楚的认识，还有很明确的目标，她想去天津上大学，因为有一个姐姐也在那里上大学。

这种大家庭的模式折射出的现实状况是：①对于留守儿童来说，上学是唯一的出路，整个家庭的希望就在孩子身上，留守儿童是家庭理性选择的结果；②留守儿童出现并不是个案，而是当前西北农村地区最为常见的选择，父母及亲属都会竭尽所能地相互帮助，这种亲属间的合作模式凸显出在社会剧烈变迁过程中，传统家庭和亲属之间合作互助抱团取暖的特点，而这种特点在现代化的大都市已经不常见了；③在西北地区，农村孩子在县城上学已经成为一种相对固定的模式，这种模式之下农村的孩子已经形成了共同的价值观，就是上大学，而为了上大学，所有的付出都是值得的。与家庭整体利益相比，留守儿童在成长过程中缺失的亲情只是其中代价最小的一部分，如果父母都不外出打工的话，孩子可能连进城上学的机会都没有。

四　一状元——寒门贵子的故事能否上演？

随着教育改革的进行，SHD 县目前只有一所高级中学——SHD 一中，2017 年毕业于 SHD 一中的高考状元就来自一个典型的留守儿童家庭。

状元告诉我们：父亲在他刚出生的时候就上敦煌阿克塞石棉矿去了，这些年一直在外打工，每年正月就走，到10月才能回来，从小到大主要和一个字都不认识的母亲生活在一起。状元常年在外打工的父亲是这样看待把孩子放在家里做留守儿童的问题的：

首先是整个地区的环境造成只有外出才能挣到养家糊口的钱。"我们这儿不是种地的嘛，地里的收入少，一年下来就几千块钱，我们在外面以打工为主，打工才挣万把块钱，都没有什么收入。以前上石棉矿的时候，一年下来也就七八千块钱，后来就能挣到一万多了。"

还有家庭条件比较差，导致没人能够帮助他照顾孩子。"我就这一个孩子。因为那时候条件限制，我的父亲母亲养我的时候都40多岁了，我家里就比较困难，条件差一点，人家的父母年轻一些，在家里做农活也可以挣点儿，我的老爹老妈毕竟这么大岁数了。孩子的母亲就一直在家，一直种地，收入也不是太多，就几千块钱。那个时候还没那个思想，人家条件好的都转到城里面去了，去更好的学校了，接受更好的教育，我们家里那时候条件也不行，他就在村里面上学，条件好的都到城里面去了，我们经济上也有困难，就把他留在村里面。当时他还小，要是在城里上学的话，还得有个人照顾，我们家条件也不允许，就没有把他放在城里去上学，所以就在乡里面了，这也是环境造就人才嘛。条件太优秀了，孩子们自身也没有学习的动力了，他从小就生长在我们这种家庭里，家庭条件困难，他也知道，他没有太多的要求，在哪里上学他（没得选）。"

还有孩子上学给家庭带来的经济压力也是迫使他继续外出务工的原因。"经济压力的话刚刚能糊住，一年花费两万块钱，在城里租的房子就5000多，他一学期能花7000多一些，正好两万块钱。我们不是在城里伺候他吗，他在学校里吃饭一个月1000

块钱就够了，其他再买点书本，就两万块钱，我就能挣两万块钱，家里粮食再种点，基本上我们两个人就能挣三万块钱。他花两万，一万还要给家里面，农村的日子还要过，也就刚刚能维持住。"

而父亲认为他们所做的一切都是为了孩子的未来。"我们在地里干活、打工太累了，不希望他走我们的路，他要比我们好一点，我们就心满意足了。"得知孩子考上全国排名前三的大学之后，"我就跟他讲过，出去就尽量别回来，最不行也得去兰州"。

状元的父亲始终认为，家里较为贫苦的环境造就了孩子学习的动力，但状元自己却不认同这种观点，他说："（条件太优秀了，孩子们自身也没有学习的动力了）这个倒不一定，可能也有这方面的因素，只能说是个因素，但是你不能说富人的孩子（不努力），富人的孩子条件好也可以学好……这个倒不是一定的。我们没条件只能努力，有条件的话是更好的。多方面发展，其他的也可能更好。"

谈到孩子将离开县城去北京上大学，虽然孩子自己充满了憧憬和向往，但父母还是有一点点担忧，因为孩子从小到大最远就只去过张掖市，更让他们担忧的是"肯定还得打工，这个（上大学）花费就更大了，我得更加努力给他挣钱了"。

其实，状元家除了需要更加努力挣钱之外，还有一个潜在的问题，父亲与孩子之间的情感联系。在谈话中，父亲两次谈起，状元从来不主动给他打电话。谈及此，父亲或多或少有一些自责，"以前想孩子也没办法，只能写个信，还没有电话，都是那个样子，也没办法，中途也不能回来，基本上是一年回来一次。在那边做了十年的矿工，回来就和村民们一起铺乡村道路。他这个孩子内向，跟家里人不怎么交流。他在家跟家里人好像没说的话。可能是小的时候我常在外面，不怎么和孩子交流，回来的时候我也在外头忙，不跟他（交流）"。

对于父亲的控诉，状元的解释是："我觉得我跟父母联系也没有什么困难，交流也没有什么困难，不属于太生疏的那种。我和我父亲不发微信，一般都是打电话，因为我和父亲聊得不多，有事就打电话，没事儿平常不打。就是有时候有些事情需要我父亲办的（才打电话）。如果是在那儿出了事情的话，肯定是找我爸爸，因为我妈妈处理不来，虽然我爸爸也比较生疏，但是相对（更好一点）。"其实，从状元的话中可以看到，他对父亲的理解偏重于工具性，需要父亲做什么事情的时候才能够想起来与父亲联系，而父亲对他则是情感性的，这里也就形成了留守儿童与父母之间不一致的亲属关系：工具性 vs 情感性。

现在很多人都在说寒门不再出贵子，作为留守儿童的状元可能是一个反例，但在状元的身上，我们有一些反思，为什么他还会成功？状元毕业于之前提到的育才中学，在育才中学，那里的老师也说状元初中就是一个很努力、很懂事的孩子。对于自己的成长经历，状元说："就是小的时候我母亲对我比较严厉，我只能在家里，那时候我是看家的。我从小学成绩就比较好，可能一上学的时候学习也不是那么（好），开始属于比较呆吧。我也没有什么特别的爱好，就是看看电视，初中也没有出去的机会，就是上了高中和同学在外面。"

状元的父亲也说："他不对我们提什么要求，像今天穿这个衣服、明天穿那个衣服，他不讲究这个，就那一两套衣服换着穿。他上高一、高二的时候，学校里只有他没有 QQ，也没有智能手机，就他。到高二的时候，他舅舅给他买的智能手机。我们跟他学的，才用那个，他特别爱玩手机，还因为玩手机和家里人吵过架。"

而关于智能手机，我们问他为什么不和父亲说要买一台？状元说："我不会说的。有了这个，会控制不住自己，学习有影响。对家庭来说也是个负担。"状元一直是一个自律性很强的孩子，"我上的时候那个（育才）学校是刚修起来的，所以农村的多，都是农村的。也有玩游戏的，就可以一起玩儿。那时候，我一般不太爱玩游戏，有几个同学开始比较爱玩儿，我上初中的时候周末没有特别的事情，不玩儿。周末妈妈在家的时候就回来，我也跟着到工地上，天天没事儿干就睡觉了。"事实上，从农村出来的孩子，如果缺乏自律性，很难在城市学生的包围中突出重围。

状元学习成绩很好，对于自己和父母的关系，他说，"平常日子我们觉得没什么要交流的，就是讲几句。一般也不太会，只是生气的时候会发泄一下。"作为学校里的优等生，他与父母的交流已经很少，有时候还会开父亲的玩笑，但更多的时候是和同学交流。"有时候跟同学交流。有两个、三个特别要好的。（遇到什么问题）一般也不会告诉别人，我就和同学说一下，跟他们交流一下，说说经验。跟我爸妈有时候就打个电话，说自己身体健康就好。"其实状元对父母的感情还是比较矛盾的，"有时候晚上写作业的时候突然感觉（想父母）。这也不好说，父母不在的时候可能比较想，但是在的话，容易产生矛盾。"

从常人的视角来看，状元是一个聪明且懂事的孩子，而且学习好，在村里也远近闻名，但从研究者的角度来看，与父母之间的交流障碍还是明显存在的，有两件事特别明显。

第一件事是升学办酒席。状元考上了最好的大学是家里最大的喜事，朴实的父母很想办两桌酒席把亲朋好友请来聚一下，庆祝一下大喜事，但状元坚决不同意，家里就没办酒席，父亲视之为一个遗憾。

第二件事是未来出国的打算。作为最好学校里最好的专业之一，出国率是很高的，状元将来出国的可能性非常大，但状元的父母在我们去之前不知道孩子将来出国的可能性很大，状元自己说，"原先说了，现在再没说，想以后再说吧"。

这两件本来都是应该家庭一起商讨的重大事项，但状元和父母之间的沟通明显存在不足。这里既可以看到农村长大的孩子有很强的自主性，也可以看到父母与子女之间的障碍，而后者则可能与留守儿童的经历有很大的关系。

五 留守儿童——与命运抗争的农村家庭的代价

如果我们把目光放到恢复高考之初，或者 20 世纪 80 年代、90 年代，那个时候农村家庭最困难的问题是上不起学的问题，没有外出务工获得的劳务性收入，在城乡商品剪刀差之下，农村家庭供养孩子上学是一件很困难的事情。

随着农村人口流动的大规模增加，家庭里的青壮年外出务工，留守在家庭的都是"386199 部队"，也就是妇女、儿童和老人，留守儿童的问题也就由此滋生了。但与之前连孩子上学也供养不起的农村家庭生活模式相比，留守儿童模式可以说是农村家庭抗争集体命运所付出的代价。

在 SHD 县，我们看到留守儿童几乎是全县农村家庭最常见的家庭模式，这种家庭模式背后是家庭利益最大化和为孩子争取改变命运机会的最优选择，或者说最无奈的选择。在三中的故事里，可以看到知识改变命运，但教育改革让农村家庭必须进入城镇获得更优质的教育才能真正改变命运，从此意义上讲，农村教育的荒废不是农村的问题，而是农村教育改变不了命运的问题。在大家庭的故事里，为了让孩子能够和城里的孩子站在同一个起跑线上，农村家庭就必须进城租房或者买房，要有足够的收入来应对孩子上学带来的"高额"开支，父母就必须外出务工。这已经成为这个时代农村家庭抗争命运的常规模式，还是在没有遭遇任何风险和不测的前提下。在状元的故事里，我们看到了太多的幸运和偶然，孩子的自律和自主给人们留下非常深刻的印象，可是，能有几个家庭那么幸运呢？

第三章

藏区东部儿童的反向留守生活

——留守儿童报告之四川篇

一　背景信息

康定市（2015 年改县为市）是四川省甘孜藏族自治州首府，属于四川省 101 个贫困县、民族（待遇）县行列。康定居住着藏、汉、回、彝等民族，户籍总人数 110975 人（2015 年数据），其中藏族 76843 人，占 69.2%，汉族 32404 人，占 29.2%。康定人口分布具有明显的地域特征，以纵贯中部的折多山为界，折东片区以汉族为主，折西片区以藏族为主。按照《康定县 2014 年国民经济和社会发展统计公报》公布的数据，2014 年全县有中小学校 68 所；在校学生 29284 人，其中大学 9079 人、中学 8035 人、小学 8961 人、幼儿园 3065 人、特殊教育 144 人。在校寄宿制学生 7755 人、进城务工学生 430 人、留守儿童 152 人。教职工 2406 人，其中专任教师 1866 人。进城务工子弟 430 人、留守儿童152人，到2017年再次公布时仍然没有任何改变，[①] 当年全市建有5所"留守儿童之家"。放在四川作为我国留守儿童大省的背景下，康定的留守儿童现象似乎并不突出。

我们调研的GS乡绒一村和绒二村（均匿名化处理）位于折西，一村58户270人，二村127户684人，95%以上为木雅藏族。两个行政村均为半农半牧社区，主要经济来源为冬虫夏草和松茸采集销售；农业种植和畜牧业所占的比重较轻，约在20%以下。根据我们2013~2017年共5年在两个村的连续追踪调研，村民中的全劳动力每年从冬虫夏草及松茸采集中所获得的经济收入在人均20000~30000元。普遍而言，家庭住宅最常见的是二层到三层的碉堡式大楼，建筑面积在300~700平方米，拥有汽车的家庭比例至少超过三分之一，虽然可能只是藏区常见的五菱宏光。由于采集业带来的良好经济收入，以及国家所提供的林业、草场、退耕还林三种补贴，以及医保、社保、精准扶贫等措施带来的底线保障，再加上受语言及教育水平因素所限，村民外出打工的几乎没有。我们通过梳理户口册发现，两村没有一名严格意义上的留守儿童。留守儿童现象难道在这两个村完全不存在？放在四川作为全国留守儿童数量第一大省的大背景下，这一现象更具有独特性。

但是藏区的特殊性提供了"反向留守"的案例。藏区乡村基础教育设施较为薄弱，藏区儿童往往无法在本地入学。以两个村为例，随着村小学裁撤，两村近100名从小学到高中的学生，入学地点包括乡政府（16公里，交通极为恶劣）、临近的SD镇（30公里）、JGB乡（65公里）、XDQ镇（90公里）、TG乡

---

① 如果往前追溯，2013年的公报数据为577名进城务工农民工子女和223名留守儿童。按照2016年《政府工作报告》公布的数据，康定市已经实现100%的小学、初中入学率。即被接收入学的留守儿童数量为所有留守儿童数量。鉴于甘孜藏区的独特性，这一100%的小学、初中入学率，相信没有把散布在各佛学院的儿童统计在内。

（125 公里）、康定市区（170 公里）、泸定县（220 公里），乃至成都市（500 公里），其中包括公办学校、私立学校以及慈善组织开办的公益学校。

图 3 - 1　山间谷地里的绒村

图 3 - 2　在一处遗弃的工棚里开办的学前班
注：老师都是本村的大学毕业生，没有找到外面的工作。

除此之外，更为独特的是，部分儿童按照藏区的传统习俗，自幼即出家为僧。如近五年两村有 23 名儿童曾经在本村 SK 寺出家（后有 6 人陆陆续续还俗，回归学校或社会），占同龄儿童总数的六分之一强。在 SK 寺佛学院学习数年后，再前往甘孜州更大的佛学院，如德格更庆五明佛学院或德格宗萨佛学院学习，时间可长达十几年。这两处佛学院离绒村 600～700 公里，部分路况较为恶劣，乘坐汽车在路上需要花费 3 天时间，在佛学院学习的儿童一年最多返乡 1～2 次。在这个意义上，这些儿童与父母的分离程度，与普通留守儿童高度类似。而他们所遭遇的困境，某种程度上又甚于普通留守儿童。

在四川藏区，儿童出家为僧侣的并不少。以两村所属的 GS 乡为例，全乡 570 户 3126 人，拥有三座寺庙，我们调研过其中两座，儿童僧侣保守估计数十人，以此推算，全乡儿童僧侣可能达到近百人。① 另外，在我们近五年先后考察过的色达五明佛学院、白玉亚青佛学院、巴塘康宁寺佛学院、理塘长青春科尔寺佛学院、乡城桑披寺佛学院（仅列举其中部分规模较大者），保守估计 18 岁以下的小喇嘛（准确称呼应为扎巴）数量可能超过千人，当然其中也可能包括了部分来自青海、甘肃、西藏，以及四川阿坝藏区、云南迪庆藏区的小喇嘛。正常情况下，这些儿童全都面临着在异地佛学院长期学习的情况。但是，由于种种原因，这一反向留守儿童现象并没有引起过外界的足够关注，他们的身心健康状况、社会支持状况、教育状况都并不大为人所知。对于这些反向留守儿童，我们从 SK 寺随机选择了三个小喇嘛的案例，来描述反向留守儿童的生活境遇。

二 以宗教为理想生活的斯郎甲布

斯郎甲布快 18 岁了，已经度过了 3 年反向留守儿童生活。

---

① 事实上，GS 乡包括康定市，由于靠近汉区，受内地文化的影响较大，儿童出家的比例还远低于关外诸县。

斯郎甲布家里还有奶奶、父母以及妹妹，共五个人。父母都是普通村民，父亲在虫草、松茸季节在村里收购虫草和松茸，倒腾到30多公里外的 SD 镇转手，赚些微薄的价差，也就是村民口中的"小老板"。这些小老板全村有数十人，他们松散地组合成五六个组，以小团伙的名义共同经营生意。妈妈是普通的藏族妇女，以挖虫草、松茸为生，同时伺候牲畜并做些农活。斯郎甲布 9 岁起读书，先是在绒二村小学，不到一年遭遇撤点并校，由于乡小学入学条件比较严，斯郎甲布的成绩并不够好，只好转去 30 多公里外的 SD 小学。到三年级上学期，斯郎甲布决定辍学，原因之一是觉得读书太辛苦，二是 SK 寺的鲁瓦堪布正在征集有志于出家的儿童来补充佛法的新鲜血液，斯郎甲布觉得在 SK 寺出家，离家很近，可以经常见到家里人。在当时的他看来，当喇嘛是一件轻松愉悦的事情，只要红色的喇嘛衣服一穿，往那里一坐，念念经就行了，还受到村民们的尊敬。

SK 寺是绒一和绒二村共有的寺庙，每年藏历一月初八起的新年法会共持续一周，全村村民都会去寺庙参加。鲁瓦堪布在村里拥有崇高的声望，法会的最后一天必定会给全村村民宣讲佛法，还会针对村民一年来的作为做公开的表扬或批评，接受并监督村民戒烟酒、戒杀生的誓愿（这些誓愿有的是一年期的，有的是终生的）。大约是 2012 年初的藏历新年，鲁瓦堪布在新年法会上鼓励有志于成为僧人的儿童出家，在村里引起了巨大的反响。

斯郎甲布打算出家，但是作为家里唯一的男孩，爸爸并不希望斯郎甲布出家。斯郎甲布向爸爸哀求了两三天，还把自己的愿望写在作业本上，放到爸爸的床上，爸爸终于拗不过他，正月十八替他去寺庙报了名。出人意料的是，这一拨共有 17 个小朋友相继要求出家。斯郎甲布将近 13 岁，在这群孩子中处于中间的位置。斯郎甲布肯定地说，都是孩子们自愿要来的，有些孩子因为没写完作业就决定来当喇嘛了。堪布把大家召集起来说了话，过几天选了个好日子，象征性地给大家剃了一下头，念了经，然后由巴登老师给大家完成剃发仪式。

由于在小学已经掌握了最初步的汉语和藏语，斯郎甲布和另外六个年龄稍大的孩子在 SK 寺学了两年多经，就被送到德格宗萨佛学院进一步深造了。其间村里的一位大学生也在寒暑假给他们补过汉语课。2014 年初秋的一天，堪布开着自己的车，家长们开着小面的把他们送到德格。他们早上 7 点出发，先后在道孚、德格县住了一晚，第三天再前往位于德格县和白玉县之间达马乡的宗萨佛学院。当他们第一次回家探亲时，由于乘坐的是私人运营的小面的，更是需要在德格、甘孜、新都桥住三个晚上，才可以辗转到家。第一次回家过完年后，几个小伙伴就自己结伴去康定坐长途汽车辗转回宗萨佛学院，不再需要家长千里相送了。这一次开始，孩子们也不再因为离家而哭泣了。

这是斯郎甲布人生中第二次出远门，上一次是七八岁的时候随奶奶一起去色达五明佛学院。虽然也转了坛城，看了天葬，但是色达并没有给斯郎甲布留下太深的印象，以及第一次吃方便面、第一次照相都发生在色达之旅中。只是意料不到的是，那时觉得美味无比的方便面，在后来宗萨佛学院的生活中，简直频繁到了令人作呕的地步。

虽然学员们的食、宿、衣服都由院方免费提供，但由于佛学院扩建的缘故，刚刚到达宗萨的这七名小喇嘛，头八个月仍然需要自己租民房并解决自己的食宿。那一批各地到达宗萨佛学院的小喇嘛，有 20 多人需要在外面租房子住。有位本村的成年喇嘛，已经在佛学院学习多年了，他自愿承担了管护这七名孩子的部分责任，但是孩子们仍然需要自行组织起来，轮流做饭洗衣。佛学院所在处一开始还是个偏僻的小乡村，小喇嘛们早上吃的馍馍都要自己笨手笨脚地做，高压锅被烧焦更是家常便饭。也没有洗衣机，多冷的天都要自己动手洗衣服，早年所有的孩子都生过冻疮。大半年后搬进佛学院的宿舍了，饮食的问题由食堂统一解决，但是佛学院基本上是吃素，一个月只有一两天有肉吃。斯郎甲布不大会控制自己的消费，他现在是把钱交到大人手上（比如，同乡的成年汪甲喇嘛或老师手里），老去支钱的话就会挨批，这样来节制自己花钱的欲望。斯郎甲布现在每年要花一万多元钱，包括往返交通、住宿、买衣服，以及充电话费等。

最大的困难是语言。虽然同属四川藏区，但是这些小喇嘛讲的是流行于狭小区域的地脚话——木雅话，所掌握的藏语仅限于最简单的经文，而且还不解其意，德格藏话对他们而言有如天书。换言之，当年在乡村小学的学习还只是感觉到困难，而现在的佛法学习对于他们来说简直就是不得其门而入。语言困难大约在一年后开始慢慢解决，但是背诵数量庞大的经书以及学习渊博的佛法，对于这些孩子来说依旧是个巨大的挑战，稍有松懈或差池，甚至可能遭致管家的鞭笞。斯郎甲布甚至不知道自己究竟需要用多少年来完成学业，以及未来真正的困境在哪里。但是，学习中也能找到乐趣，并不是只有困苦。比如，辩经的过程，假设你是正确的，你赢了，就有资格坐下来，等着别人站起来挑战你，这是很有成就感的事。

斯郎甲布在 SK 寺毕业以后，有过第一台便宜的智能手机，可以玩游戏的那种，但是堪布不允许他带智能手机去宗萨佛学院，斯郎甲布使用的是一台只能接打电话的诺基亚老人机。去年放暑假时，宗萨佛学院发了 2000 元钱，斯郎甲布在回家的路上，在甘孜县城倾囊而出买了一台 vivo X7 手机，但只玩了十多天，有一次在自己的寺庙念经时玩手机，被堪布发现并收缴了。尽管并不会沉迷于游戏，但是斯郎甲布还是非常熟悉"王者荣耀"这样的游戏，感慨说"听说出了很多新的英雄"。七个小伙伴的手机都难逃被没收的命运。据说这些手机现在都还给小喇嘛们的父母了。斯郎甲布现在又用回了诺基亚手机，只能打电话。

斯郎甲布的求学生涯非常辛苦，每天的学习时间长达 9 小时。作息时间大致是这样的：早上 7 点起床洗漱，有时候吃早饭，有时候就饿着肚子去上课。上课从 8 点到 10 点半，休息 15

分钟后开始辩经，到 12 点结束，中午回家做饭，休息，下午 3 点钟又开始念经到 4 点半，紧接着是老师讲课到 6 点，6 点起到 7 点自己在院子里背诵，7 点又开始辩经到 8 点。然后是回家做饭吃饭，稍事复习功课，10 点半起又敲钟洗漱、如厕、就寝。佛学院的管理非常严格，在其他时间去上厕所的话需要找管家请假。管家随时随地在佛学院和民宅间巡查，顽皮的小喇嘛会和管家玩"猫捉老鼠"的游戏，一旦失败就会受到严厉的责罚。斯郎甲布比较自觉，到现在只被鞭打过一次，很轻。远离父母，言语不通，既要照顾自己的生活又要赶上学习的进度，小喇嘛们的孤寂与艰辛可想而知。佛学院每个月放假两天，分别是藏历初一、十六。佛学院在山下的小街上（而宗萨寺在山上，中间隔了一条大路），小街大约有几百米，除了一些修摩托车的、小卖部、小吃店以外，也没有别的去处可流连。宗萨没有 Wi-Fi，也没有网吧，但是有 4G 的手机网络，只有那些年纪较大的喇嘛可以用手机上网。

小喇嘛们在放假的时候主要做洗涤工作，或者在家里睡觉，夏季偶尔还可以在草原上耍坝子，冬天则只能窝在房间里。德格县城离得太远，斯郎甲布到现在为止，从没有特意去县城玩过。小喇嘛们最高兴的是和家里打电话，头半年斯郎甲布几乎每天都给家里打两次电话，分别和父母、奶奶通话，但是交流的内容很简单，就是问问在干吗，吃了吗，要睡了吗，等等，普通藏族人并不善于直接在言语里表达牵挂与爱，斯郎甲布每天晚上都偷偷哭泣，直到春节回家后，偷偷哭泣的现象才稍稍缓解。

生病是难免的，宗萨佛学院有藏医，小病就在佛学院看，小街上也有一间卫生所，小喇嘛们患感冒头痛偶尔也去卫生所看汉族的医生。去年（2016 年）七个同村小伙伴中的小喇嘛确域扎巴生病了，也不和大家说，硬扛着，有一天突然晕倒了，旺甲喇嘛紧急包车把他送到康定，康定的医生解决不了，后来又转送到成都，听说是脑结核，也没有救过来，就死了。死了一个小伙伴，还有一个转到德格更庆佛学院去了，现在留在宗萨的小伙伴就剩下五个了。

佛学院有 20 多位上师（教师），几位堪布，最大的是院长彭措朗加堪布。斯郎甲布还见过印度来的宗萨蒋扬钦则仁波切，他来过佛学院，给学员们举行法会，讲经，但是斯郎甲布听不大懂，他的话有印度的味道，和宗萨的人讲的不大一样。斯郎甲布觉得他很厉害，去到宁玛派的、噶举派的、格鲁派的，以及萨迦派的所有寺庙都能给人讲经，他什么派的修行都懂，斯郎甲布还见过萨迦法王的儿媳妇，她是德格人，来过宗萨佛学院。对于斯郎甲布乃至其他成年喇嘛来说，这都是无限的欢喜和造化。斯郎甲布的同学们主要来自甘孜州十八县，但可能也有小部分是来自青海或西藏的小喇嘛。佛学院有几百名小喇嘛，斯郎甲布说他全都认识，至少都打过招呼，在外面若见到他们肯定能知道他们是佛学院的人，这其中能叫出名字的超过 100 人，包括自己班上的60 多人。

斯郎甲布当初是为了离父母近才决定退学去当喇嘛的，没有料到现在离父母反而更远了。但是斯郎甲布很乐观，虽然现在的学习很辛苦，但是以后正式当了喇嘛后就轻松了，既可以养活自己，又可以普度众生。宗萨佛学院最后是有权颁发堪布证书的，能在宗萨佛学院拿到堪布证书，在整个藏区都是崇高的荣誉，也意味着在整个藏区的佛教界（当然主要是萨迦教派）畅通无阻。在甘孜州还有许多著名的佛学院，斯郎甲布能够脱口而出的有色达五明佛学院、亚青佛学院等，并对这些宗教圣地无限神往。

小喇嘛们都是血气方刚的年轻人，违法犯禁的事自然也难免，斯郎甲布见过两次大的打架斗殴，甚至动了刀子，要送到州府康定去抢救。大的打架斗殴要罚款，听说是每人罚 5000 元，然后接受严厉教育，在菩萨面前磕 5 天头。小的打打闹闹更多，上师们教育教育就好了。学佛让小喇嘛们成长了很多，斯郎甲布说出家前还经常和父母顶嘴，但是现在学会了礼节和尊重，会更加孝顺父母。绝大部分小喇嘛都能遵守佛门戒律，不抽烟不喝酒，不大吃肉，不敢撒谎，也不常外出，主要的心思都用在学习上。斯郎甲布的68名小学同学们，除了7~8人当喇嘛，10多人已经退学以外，现在基本上都升入高中了，主要在新都桥或康定。基于藏区的教育质量，大部分升入高中的学生最后也只能考入二本、大专、职业技术学校，除了极少数能够在藏区考基层公务员或乡村教师外，未来面临的境遇主要还是回乡，生活并不会有决定性的改变。

寒暑假小喇嘛们会回到家乡，除了在刚回到家乡的头几天，以及重新出发前的数天各自回家与父母团聚外，主要还是集中在寺庙的小佛学院共同过集体生活。SK寺的小佛学院在寺庙背后的小悬崖边上，它的规模实在是太小了，小到只是一座三个房间的小房子，中间是厨房兼起居室，近20名小喇嘛，加上他们的老师巴登，就打地铺睡在两间近20平方米的小房间里，小喇嘛们自学时就随意盘腿坐在悬崖边的屋檐下，此起彼伏地念念有词。大家轮流值日，包括做饭、清洁，一切都像一个大家庭的模样。只有周日的时候才可以自由活动，到村子里来玩。斯郎甲布利用其中的一天去山上挖松茸，挖到了八两，交给了爸爸，爸爸给了他60元钱，比正常的收购价少了20元。

斯郎甲布没有考虑过未来的长远规划，还俗不在他的考虑范围之内，一切都在平稳前进，不是吗？改变才是令人挠头的事。如果一切顺利，他们最大的可能是获得堪布学位；如果足够优秀，他们或许会获得萨迦法王的一封推荐信，凭着这封信，几乎可以在国内藏区的任何一座萨迦寺庙获得堪布的职位；如果佛缘足够深的话，也许他们会成为色达五明佛学院的索达吉堪布、慈诚罗珠堪布那样的大人物。但不管是否可以有所成就，只要继续当一名喇嘛，就是利益众生的最好安排了。

何况一切都有鲁瓦堪布，堪布某种意义上安排、决定他们未来的走向，堪布就像是他们的指路明灯。鲁瓦堪布曾经在印度的宗萨佛学院学习十年，回来后接管了寺庙，他成功地把寺庙搬出大山，新修了一座并不十分宏伟壮观，但仍然令村里的老百姓相当满意的寺庙，他的影响力远超寺庙之外，抵达了村庄的各个生活环节，在他回来之后，许多群众戒掉了烟酒、荤腥、赌博和杀生（全村已经没有一头猪，没有一只家禽；所有的牦牛也只是挤奶，全村所有的牦牛都已经被承诺自然终老），森林盗伐和打猎几乎彻底终结，村里的垃圾都能得到集中焚烧处理，尤其难得是，随意丢弃垃圾和随处便溺的恶习也大有改善，很大程度上，村庄变成了一个纯洁的佛教徒的社区，尽管老百姓的评价不尽一致，但在这些半大不小的小喇嘛中间，鲁瓦堪布仍是圣人一般的存在，并且是小喇嘛们最高的人生典范。

斯郎甲布的妹妹雍珠是康定一中（民族中学）的初中生，她很想念哥哥，一般一周或十天左右和哥哥通一次电话。尽管不大容易见到哥哥了，但仍然很喜欢哥哥当喇嘛。她说哥哥读书的时候经常生病，家里人经常要去接他回家。但是自从当了喇嘛后，就不怎么生病了。她挂念哥哥在宗萨的生活很辛苦，那里天特别冷，有时候下大雪，还要在院子里学习、念经，但是藏族人相信，天气冷的话经书才背得进去。藏族人家里经常需要念经，哥哥当了喇嘛，就可以自己念经，雍珠觉得很好。哥哥特别善良，当了喇嘛后更孝顺了。

三 追求清静无为生活的多吉扎西

多吉扎西今年 18 岁，是绒一村人，与斯郎甲布的村庄挨着。在 SD 小学、村小学，再在 SD 小学辗转三次，读到小学三年级后，终于自己决定休学了。自小看到喇嘛的光鲜生活，让人觉得出家是个不错的选择。2012 年初堪布在新年法会上征集出家的小喇嘛，多吉扎西就此加入了同一批出家的 23 个小喇嘛的行列。

但是多吉扎西的藏文和汉文程度稍差，一直到 2016 年才完成在 SK 寺佛学院的初级学习，初秋的"普巴金刚法会"结束之后，前往新的德格更庆佛学院深造。前往更庆佛学院的经历很相似，小喇嘛们回家与家人相聚了三天后，家人亲自驾车送他们去 SK 寺，与 11 名小伙伴汇合，12 个家庭共乘 6 台小面包车，浩浩荡荡地一起前往德格。父母们甚至没有在更庆佛学院停留一晚就匆忙返程了，留下 12 个孤单的孩子。

虽然多吉扎西离家时的年龄已经比较大了，但他还没拥有过手机，去更庆佛学院时他得到了第一部手机，但是只能打电话不能上网，原因是多吉扎西认为玩手机会影响自己的学习和修行。其实电话也不多，多吉扎西和家里父母的联系大约维持在两周一次，因为和宗萨佛学院不同的是，他们刚刚抵达佛学院的时候，手机就被管家收上去了，每半个月才下发一次。

学习的辛苦程度与宗萨佛学院相仿，藏语言的障碍也是一样的。相比之下，多吉扎西认为在佛学院的学习紧张程度甚至超过当年上学。很大程度上，他必须凭借极其有限的四川普通话来和老师及同学们交流。更庆佛学院有三位堪布，四位管家，以及其他 20 多名老师，共同管理教育着 300 多名学员。多吉扎西的交际能力和交际兴趣似乎都不及斯郎甲布，除了同伴之外，他大概只叫得出十多个人的名字，这些人大多是甘孜州本地人。

更庆佛学院离县城较近，大概只有 20 分钟的车程。多吉扎西每个月放假两次，分别是藏历初一和十六，这两天可以随便玩。除了偶尔去德格县城逛街买东西外，多吉扎西大多数时候留在佛学院，原因是他觉得县城里人太多太闹腾。佛学院在山边僻静处，总共只有四个店铺，三个是饭馆兼小卖部，还有一个是佛学院开设的商店，卖僧人服装，以及僧人日常使用的各种用品。多吉扎西并不多花钱，他每年的消费一般不会超过一万元，这几乎包括了所有交通、住宿、置办服装以及其他日常开支。多吉扎西最常见的消遣是和同伴们一起在草原上耍耍坝子，聊聊天，打打趣，仅此而已。他在业余时间的学习也并不特别刻苦，只是他的性格比较沉稳、安静而已。他天生就喜欢了解、掌握佛学的知识和实践，天生就是一个喇嘛的模样。但他是一个没有什么野心的喇嘛，他不认为自己需要成为一个成功的堪布，也不认为自己能够成为一个成功的堪布，好好做一个普通喇嘛就足够了。他愿意在佛学院和寺庙一直住下去。哪怕回到家乡，乃至可以自由回自己家庭的时候，多吉扎西也更愿意待在 SK 寺的小佛学院里，帮助巴登老师照料寺院和其他小喇嘛，并且随时可以向巴登老师请教。多吉扎西当然非常思念父母，也知道父母非常思念自己，但仍然不认为自己必须经常回家，因为"父母很忙，我自己也很忙，我们都有自己的事要做"，对父母的感恩与自己清静无为的生活是并行不悖的。

多吉扎西并不认为自己每天的生活都是开心的，但他并不介意，因为他认为"苦才是人生嘛"，这是索达吉堪布教给他们的，他自己悄悄看过索达吉堪布的书。多吉扎西坚信，喇嘛们修行的目的是让自己和众生一起脱离轮回，摆脱欲望，离苦得乐。

多吉扎西的爸爸妈妈是普通的村民，以挖虫草和松茸为生，爸爸业余也被人请去开大卡车，有时候也干些倒腾松茸的小买卖，但收益不大。多吉扎西还有一个哥哥和一个姐姐。哥哥今年刚高考，但没有考上大学，未来的出路就是在村里娶妻生子，像爸爸妈妈一样靠挖松茸虫草度过一生。这个时候要去当喇嘛的话有点太晚了，何况作为俗人生活了这么久，身心也静不下来。姐姐在读甘孜州卫生学校。

四 喇嘛庙里的小学员扎西彭措

扎西彭措今年 12 岁，做喇嘛 4 年了。扎西只读过一年书，是鲁瓦堪布在原来绒村小学的旧校舍基础上开办的非正式学前班，基本的拼音和算术也没学完整。扎西彭措来自一个 8 口人的大家庭，爷爷、奶奶、爸爸、妈妈、哥哥、姐姐、妹妹，还有自己。爷爷、奶奶、爸爸、妈妈都是普通村民，爷爷、奶奶现在也还能上山捡松茸和挖虫草，爸爸偶尔做点倒腾虫草的小买卖。哥哥刚大学毕业，没有找到工作，现在漂在成都，据说情况并不怎么好，也老是让家人担心。姐姐在新都桥藏文中学读初中，妹妹正在读鲁瓦堪布开办的学前班。

2014 年初，扎西彭措突然自己决定当喇嘛。出家之前，扎西彭措自然也参加过 SK 寺的法会，但他认为自己从没有听过堪布的讲话，因为听不懂，他只会睡觉，想去当喇嘛只是因为不想学习。他和妈妈提出自己的愿望，他们说："好，明天就去当喇嘛吧。"第二天，爷爷和爸爸把他带到寺庙，去见了鲁瓦堪布，堪布给了他一条哈达，就算接受了他，那天喇嘛们正好在大殿念经，小扎西彭措就坐到他们身后，管事的喇嘛给他倒了一碗奶茶，爷爷又去把大米、白面和土豆交给炊事员，事情就算完了。没有剃度仪式，这个时候的小扎西彭措只能算是一个有志于成为喇嘛的小学员。

小扎西彭措跟随那嘉喇嘛学习藏文，那时寺庙里还陆陆续续有各地来的志愿者，教这些小喇嘛们汉语。在 SK 寺小佛学院学习两年多以后，小扎西彭措也被送到了新的德格更庆佛学院。同一批去的共有 12 个孩子，既包括比他大了 6 岁的多吉扎西，也有 4 个年龄比他小的孩子。只有他和另一个小喇嘛两个人是由爸爸、妈妈一起送过去的，其他的小喇嘛只有一个家长陪同。他们和堪布告别，堪布给每个人都送了哈达。

有个叫曲美的喇嘛，来自 GS 乡的另一座萨迦派寺庙，和扎西彭措他们说一样的木雅话，他已经在更庆佛学院学习六七年了，现在已经是佛学院的管家了，他负责安排了这 12 个小喇嘛的住宿，也成为他们日常生活学习过程中的管理者。爸爸妈妈帮他收拾好房间，当天就离开了，留下扎西彭措偷偷哭了一天。

佛学院管吃住，但衣服要自己买。扎西彭措两次去德格的途中，都要在甘孜县住一晚，就顺便在甘孜的商店买了一身喇嘛衣服。甘孜县的僧袍似乎便宜些，一身只要 120 元，这群小喇嘛大抵都是在甘孜县买的衣服。语言同样是扎西彭措的障碍，最初只能用有限的汉话和来自其他县的小喇嘛交流。佛学院的饭菜不大好吃，小喇嘛们晚上也会自己下挂面吃，用高压锅煮，拌点油盐和辣子就可以吃了。手机是交给老师或管家，只有放假才把手机发给小喇嘛。扎西彭措通常首先给妈妈打电话，然后陆陆续续与家里方便的其他人（主要是爷爷、奶奶）轮流说几句。每次电话的时间不长，就是说些"在干吗"的闲话。哥哥的电话他不知道，也没有通过电话，他觉得哥哥似乎没有心情理他。和姐姐只是偶尔打电话，因为姐姐的手机也在老师手上。

在佛学院的生活还是挺开心的。小扎西彭措特别喜欢进城，他几乎每个休息日都要花 10 块钱买往返车票，坐班车去德格县城，那里可以用到 Wi-Fi，吃鸡腿、薯条和可乐。小扎西彭措的手机并不能上网，但他会找朋友借手机去德格。扎西彭措是WWE（美国职业摔跤）的狂热爱好者，他通常会找到一家茶馆，花上 10~20 元钱点一杯茶，连上 Wi-Fi，只要打开一个视频网站，搜索 WWE 就能找到大量的视频节目，这样可以在茶馆里泡上大半天。佛法学习的任务也很繁重，表现不好的话会挨老师或管家的打，虽然扎西彭措自己没有被惩罚过，但是见过自己的小伙伴挨打，隔着衣服还留下红色的鞭痕。但是扎西彭措还是打算继续学下去，当一个好喇嘛。相比之下，他认为还是学校学习更辛苦，要写作业，还要考试。虽然佛学院也要考试，但是佛学院的考试没那么可怕，因为并不会公布成绩，只是前三名会获得奖状，最后一名被批评。而且佛学院每次放假都会发钱，春节的那一次是 2000 多元，暑假的这一次是 3500 元。扎西彭措把钱给了父母。回到家乡以后，小扎西彭措更希望住在家里，可惜大部分时间他们还是必须住在寺庙里，和小伙伴们一起继续晨钟暮鼓的生活。

五　小结

三个小喇嘛的经历分别体现了共性与个性的结合。鉴于康定位于藏区最东部，受内地文化影响较深，绒一和绒二村未成年人出家比例已经超过 1/6，如果继续深入甘孜州关外其他县，未成年人出家的比例可能不会低于这个数字。这些孩子在需要父母家庭关照的人生阶段，独自到异地佛学院求学，其心理、身体健康、安全及教育程度的提高值得引起社会各界的高度关注。以现代价值观之，如此比例的青少年儿童放弃"正式"教育选择出家，最终也不事生产，以提供宗教服务为自己的职业生涯，似乎是一个令外界难以理解的人生取径。早在清末，改革派的川边大员就已经开启寺庙改革，限制寺庙数量和喇嘛规模。一百多年过去了，这一现象仍然显著存在。鉴于四川藏区较为落后的交通条件以及各地佛法教育发展水平的不平衡，儿童出家通常就意味着近十年的异地孤独求学生涯。绒村的一位小喇嘛就病死在异地求法之旅中，这固然不能直接归因于脱离父母家庭的照看，但仍然让人整体上担心反向留守儿童的身心健康。

反过来，以我们对反向留守儿童的五年来的日常参与式观察，这些小喇嘛们的身心健康程度与普通儿童无异，按照他们的自我评价，甚至还比普通在学青少年更"成熟、懂事、快乐"。一方面，基于十多年来藏区撤乡并校的浪潮以及藏区学校教育水平的不平衡，绝大部分普通在学青少年同样面临十年以上的反向留守生涯，在这个意义上，他们的身心发展比求法的青少年并无优势。从他们的自我描述来看，佛学院的管理严格程度也不亚于普通中小学，甚至更为严格规范。另一方面，由于出家是顺应藏区传统习俗的做法，在小喇嘛的自我选择过程中已经大致明确了未来的人生道路，这一特征使得绝大部分年轻喇嘛在求法过程中更从容、更踏实，心理（情绪）也更趋稳定。针对个体学习程度之差异，求法生涯只是长几年或短几年的区别，但在最终结果上未必有实质性的差异。与此相反，藏区儿童及青少年心目中的当代教育，反而存在诸多不确定性及心理挑战因素：①繁重的日常作业和考试；②藏区儿童（尤其是乡村生源）普遍成绩较差，在高考竞争中处于不利地位，本村青少年中，近十年来几乎无一考上西南民族大学本科以上高校；③即使勉强考上各类大学，除极少数考上基层公务员或乡村教师的在编职位外，绝大部分的大学毕业生并不能获得他们所认为的一份"合适工作"。而相较于普通的乡村青少年，回到乡村的大学毕业生在应对生计和生活适应方面反而处于劣势。在这个意义上，读书成了一项风险完全无法预估的人生选择。相较而言，藏族文化更倾向于选择虽然变化并不剧烈但较为稳妥可控的生计及投资模式。还有一个原因，随着近20年来内地藏传佛教热潮的兴起，藏地宗教精英成为本地社会生态的一支重要力量，SK寺的鲁瓦堪布以一人之力，极大程度上改变了整个寺庙和村庄的物质和精神面貌，这样的示范效应在青少年的人生选择中也起到了不可估量的作用。

　　相对于现代视野下的留守儿童现象，藏区反向留守儿童现象同样值得关注和探讨，某种意义上也可以成为汉族地区生活和教育事业的一个借鉴。

第四章

家庭的不幸与抗争

——留守儿童报告之重庆篇

一 背景信息

重庆市 QIJ 区位于渝南，素有"重庆南大门"、"中国西部齿轮城市"之称，面积达 2182 平方公里，农用地面积约为 1943 平方公里，占土地总面积的 89%，其中耕地占 817 平方公里，占土地总面积的 37.44%，园地约 37 平方公里，占 1.7%，林地约 708 平方公里，占 32.44%。2016 年，全区生产总值达 317.9 亿元，年均增长 11.6%，人均 GDP 达到 5697 美元。城乡常住居民人均可支配收入分别为 27809 元和 12669 元，跟过去几年相比有了很大的提高。一般公共预算约为 28.8 亿元，年均增长 10.75%。

QIJ 区总人口为 105.68 万，其中农业人口 65 万人，外出务工的 22 万人，作为一个典型的山地农业大区，人口外出流动的显现也十分明显，2017 年春节，QIJ 区返乡过年农民工数达 38944 人，其中 1.32 万农民工选择返乡就业创业，主要是从建筑业和采掘业发达的宁夏、新疆等中西部返回，或是从制造业和服务业发达的长三角、珠三角等地返乡。大部分农民工已在流入地实现生活的稳定，年后将继续外出打工。

在辖区内的103所中小学中，农村寄宿制学校有6所，在校学生10万余人，其中6.8万人生活在农村，而留守儿童数量超过1.9万人。在居住在城镇的留守儿童中，农村户籍的留守儿童为3381人，占留守儿童总数的约20%，这两个留守儿童的数字由于统计口径的问题被大大地低估了，有老师称，留守儿童的比例在县城和富裕点的乡镇超过了40%，在穷一点的乡镇，能够超过2/3。但调查过程中确实发现，QIJ区的留守儿童增长速度开始减缓，这跟QIJ工业的发展，吸引人口回流的情况有关，但留守儿童的问题仍然普遍存在。且由于重庆是较早有外出务工的省份，其留守儿童问题反而可能更加复杂，从具体的调研中，我们可以察觉到，QIJ区留守儿童的家庭类型呈现多样化特征，超生家庭、单亲家庭、残疾困难家庭等皆有出现，在此环境下的留守儿童生活状况令人担忧。

二　关爱下一代，送留守儿童见父母

针对留守儿童问题，QIJ区关爱下一代工作委员会充分认识到，要解决这个问题的关键不在于提升留守儿童的物质生活质量，而在于提升儿童跟父母的沟通见面机会，满足其对亲情的精神满足需求。为此，关工委在七年前开展了一项很有意义的活动，每年组织留守儿童一起将他们送到父母打工的城市与之团聚。坚持了七年的这个活动不仅改善了参与者的亲子关系，更是让更多的父母意识到留守儿童这个问题，让父母更加关心孩子的精神状态。值得注意的是，在这个活动的促进下，QIJ区外出务工人员回流规模有所增加，留守儿童数量呈现减少的趋势。而在这个活动的背后，隐藏着的是接下来每个留守家庭与生活斗争、为改变命运而努力和牺牲的一些动人故事。

三 九口之家，四个孩子的苦与累

在 QIJ 山区的农村里，有几户人家斜斜地隐藏在山道边上的樟树后。登上松垮的石板路，一座二层的老式房子映入眼帘，木质的门槛前站着一个佝偻的老人在那里迎我们进去。不难看出，这是一户即使在这个农村里，都是比较困难的家庭。一进大厅，一阵清脆的嬉闹声从楼上传来，不一会儿就看到楼梯口的门帘后，悄悄地伸出了几个小脑袋，睁着大眼睛好奇地盯着我们看。据家里的奶奶介绍，家里现阶段一共生活着 7 个人，包括爷爷、奶奶、四个孩子，以及一个身体不好的老母亲。

全家人的收入都来源于在外面打工的儿子、儿媳妇。问及孩子的花销，奶奶告诉我们，每个小孩每年的学费等开销要 1000 元，四个小孩就是 4000 元，再加上老母亲的医药费，儿子、儿媳租房子的费用，年轻夫妻一个月七八千的工资只够全家九口人勉强糊口。

图 4-1 留守儿童家里的内景

　　孩子们的父母每年只有春节的时候才回来几天，四个孩子都非常地想念自己的爸爸妈妈，尤其是还依偎在姐姐怀里撒娇的弟弟，从出生起爸爸妈妈就出去打工了，几乎每天都会收到爸爸妈妈打来的电话、视频。孩子们在视频里问得最多的一句话就是："你们什么时候会回来？"

　　三个姐姐非常懂事，在家里会帮爷爷奶奶做家务、照顾弟弟，上学的时候要带着弟弟走 30 分钟路去学校，下课了也要去弟弟班上接他放学。老大和老二的性格都比较稳重，都是班里的学习委员，学习成绩也都在班上排前几名，在家也是她们最照顾弟弟妹妹。老三的性格比较活泼，平常跟弟弟玩闹的最多，回答问题的也一直是她，当问及最喜欢爸爸妈妈什么的时候，小女孩害羞地说她最喜欢爸爸妈妈带她夹娃娃，而实际上那一天她根本没有玩夹娃娃机，只是跟姐姐在边上看着爸爸带着弟弟夹娃娃，然而在她的记忆里依然是十分快乐的。

　　弟弟是这个留守家庭的核心，奶奶表示生四个孩子就是为了生一个男孩，因此弟弟在家里特别受宠爱。也许正因如此，小男孩有点调皮，喜欢跟姐姐们打闹，大姐对弟弟的态度很明显，就是无条件的忍让和包容，常常能从她脸上看到对弟弟宠溺的笑容。而二姐则有时会刻意地远离弟弟，比如拍照的时候把弟弟推开。此外，四个孩子一般不会出去跟别的小孩玩，四个人在家就能玩得热热闹闹，与外人交流的能力令人担忧。

　　孩子们现在面临的问题是镇里没有中学，到时候他们要到隔壁镇去上中学，如何照顾这几个孩子是个大问题，奶奶表示没有办法，只能让他们自己往前走了。而面对家里三个学习成绩这么好的姑娘，老人也是半喜半忧，喜的不用多说，忧虑的还是家里有没有这么多钱培养几个大学生出来，对此奶奶表示没钱就只能放弃不读。

　　这种多留守儿童家庭的问题主要可以从两方面来看待，首先面临的是生活成本和教育成本的经济压力，其次是对留守儿童的照顾很难均衡满足其需求。从这个家庭不难看出，一些常见的农村家庭问题，比如重男轻女的思想在留守儿童的家庭里甚至得到了强化，由于爷爷奶奶的这方面思想通常比父母要强烈，因此留守儿童受到的影响也会更大。

四　单亲家庭留守儿童

在热闹的四姐弟家屋子后面，住着另外一个留守儿童家庭，这户人家里只生活着三口人，我们到的时候奶奶在外面菜地干活，爷爷带着小孙子坐在一张竹床上看电视。小男孩看起来很文静，说话一字一句的，在他的身上看不到调皮的影子。小孩儿十分黏自己的爷爷，不停地往爷爷身上靠。爷爷告诉我们，孩子从两岁开始就跟着他们，现在 11 岁了，在家里也会帮他们做一些家务事，特别懂事。听到这儿小孩儿害羞地笑了笑。

与前一户情况不同的是，小孩儿没有见过自己的妈妈，他从小是在单亲家庭长大的，爸爸又长期在外打工，因此父母对他来说是一个十分模糊又很珍贵的概念。爷爷跟我们说，孩子的爸爸年轻时候在外打工认识了他妈妈，两个鲁莽的年轻人在鲁莽的恋爱之下意外怀上了孩子，因此不得不结婚并回家生孩子，然而在孩子两岁的时候，年纪还小的妈妈受不了在山里带孩子的生活，抛下一家人跑了，至今没有协议离婚。这就是在这个简单的家庭里发生过的最不简单的一件事。

对于妈妈，孩子说："没见过，无所谓，早就走了。"可能是跟单亲家庭有关，同时也跟留守经历相关，从话语中能够看出他具有超过同龄人的成熟和理性。对于没有妈妈这件事，小男孩表示他认为没有妈妈比别人有妈妈要好得多，他不希望妈妈回来。也可能是气话，但是从一个小孩子嘴里说出这种话来意味着单亲的经历对他的价值观形成存在一定的影响。

　　小孩儿有存钱的习惯，爷爷奶奶每个礼拜给他一块钱的零花钱，但孩子舍不得花，一般都会存在自己的抽屉里，现在已经存了50多块。问他存钱的用处，小孩表示是为了去重庆看爸爸的时候给爷爷奶奶买礼物。每个月爸爸回家给他带零食是他最开心的事情，但是他在家从来不会跟爷爷奶奶提要求买零食，他认为家里很穷，不能乱花钱。

图4-2　家里的外景和邻居的对比

　　孩子的爸爸在重庆市打工，具体工作内容家里人都不了解，每个月或者每两个月会回家一次。小孩非常想念自己的爸爸，有的时候太想了会自己一个人躲在房间里哭，他说："我很想爸爸回来，可是他就是不回来。"实在想爸爸的时候最多就是打打电话，一开始一周会打三四次电话，后来他渐渐发现给爸爸打电话的很多时候爸爸都在忙，懂事的他就开始减少打电话的次数，到现在基本上是爸爸打电话回来问候他了。爷爷表示，父子俩以前打电话还能多说两句，现在打电话都是短短的几句问候了。很多时候都替家人考虑的小孩眉眼间透露着一丝成熟和懂事。

　　在学习上，孩子的成绩很好，这跟家里对教育的重视脱不开关系。为了鼓励他学习，爷爷制定了一个分数奖励制度，每考95～100分都能获得奖励，95分奖一块钱，每增加一分就加一块，小孩考得最多的分数是 97 分，所以能奖励 3 块钱，所有给他的奖励他也都存着，从不乱花。对于未来，两位老人还是存在一定的担心，一方面担心孩子爸爸如果在重庆再组建家庭，这个孩子该怎么办；另一方面也是不放心孩子以后去读高中住宿。而对于住宿，孩子说："为什么不敢一个人住呢，来回走多累啊！"勇敢的他看待问题的角度不像其他同龄孩子那样更多从主观感受出发，而是多了些许理性。

单亲家庭的孩子本来就会面临一些成长上的问题，再加上留守经历，极容易导致他们早期社会化学习的严重缺失。这种缺失可能早期会促使孩子提前接触到本不属于自身年龄段或不应该有的社会认知，因此部分小孩看起来会相对成熟，但是在他们长大之后，当初有关母子关系、家庭陪伴等内容和经验的认知和学习缺失将会给他们的生活带来巨大的影响，单亲家庭的留守儿童面临的成长风险是巨大的。

五　一个人的留守

两个老人、一个小孩、一条年迈的狗，组成了这个留守家庭的全部成员。这个家庭住在一个比较偏远、相对隔绝的山坡上，周围也就一两户邻居，文静的小男孩跟他健谈的邻居小伙伴一块儿在家里看着搞笑的综艺节目，看到登门找他的调研人员，他有几分紧张和无措。

小男孩 11 岁，父母在他 2 岁的时候出去打工，跟我们提到他的爸爸妈妈，他还会带着一丝羞涩。他的性格比较内向，回答问题的时候多以"不知道"、"嗯"、"是的"等简短的词句回答。跟他一起的有他的小伙伴，一个 9 岁的小男孩，他们俩都是留守儿童，又因为附近就他们两家人，所以天天一起做伴。

小男孩的故事很简单，却又简单得让人难受。父母不在家，爷爷奶奶整天要去镇上卖菜，早上去，傍晚回，他一个人在家的时候就喂喂鸡、逗逗狗，每天走 40 分钟去上学，放学了又一个人慢慢走回来。他学习很努力，但是成绩只在班上占中游，遇到不懂的会通过视频通话的方式请教爸爸，问问题成了他跟爸爸视频的主要理由。对此他说："我也不知道为什么成绩不好，爸爸说高中再不好他就回来监督我。"平时，小孩一周跟爸爸妈妈联系一次，据老人说他的爸爸妈妈性格也很内向，打电话的时候也是问一下学习和身体健康情况，其他的话也说不了几句。不跟小伙伴玩的时候他就一个人在家里看电视，哪个台哪个时间段在播什么节目，他一清二楚。小孩最喜欢看的是综艺节目，尤其喜欢看《极限挑战》，因为他觉得综艺节目可以让他看到外面的很多城市，有时候还能看到他爸爸妈妈打工的地方。

小孩梦想去北京上大学，想去北京的理由是他认为北京的工资更高，他想拿更高的工资，他说："北京是大城市，工资高，等我挣了钱爸爸妈妈就可以回来了，奶奶也会开心。"他有一个小小的梦想，希望以后能够跟他小叔一样当一个火车修理工，即使这个在别人眼里不是很体面的工作，但在他说起来的时候眼里泛着光。

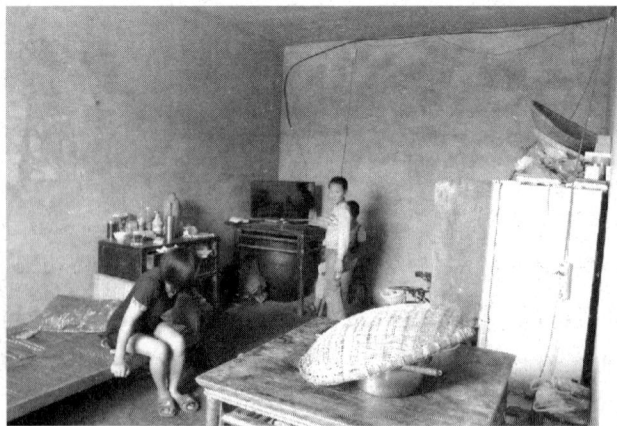

图 4-3 家庭的内景

小孩的姑姑表示："他内向的性格跟父母不在身边有关，没有那些父母在身边的小孩放得开，带他出去玩的时候都不跟人说话。""有的时候看到他这样我也挺对他爸爸生气的，但是没办法啊。"也有可能是爷爷奶奶带大的缘故，老人跟小孩本身就没有多少共同话题，再加上爷爷奶奶有自己的活要干，很多时候小孩拥有的选择不多，当我们问及他在家里的生活好不好时，他表示"一般般"，而当谈到妈妈做的饭好不好吃的时候，他随口一说："我没有吃过妈妈做的饭，没做过。"这样看来，缺乏跟父母一些必要的生活行为交流，再加上长时间一个人待在家里没人说话，养成这种性格也就不足为怪了。

六　留守的再循环——第二代留守儿童

在离 QIJ 近一百公里的柳州市，有两个父母常年在外打工的家庭。此时正值暑假，孩子们都在父母身边，两家人享受着一年之中最长的一段团聚。在柳州建筑工地工作的小健爸妈年龄不大，分别为 32 岁和 28 岁，两夫妻在柳州市租住在一个单间里，跟他们一起在柳州打拼的还有他们的弟弟和妹妹，一家人在外面互相帮扶地生活着。

年轻的两夫妻对于把孩子放在老家还是有一些愧疚，在访谈过程中，他们表示也十分清楚地知道留守对于孩子成长的不利之处。原来孩子他爸小时候也有过留守经历，十分明白孩子在家留守的难处，对于明知道坏处还把孩子放家里留守，小健爸爸有自己的看法。他认为正是因为他自己也留守过，所以他知道对于孩子来说，重要的不是父母在不在身边，而是父母关不关心自己的孩子。即使有很多父母在家，但是每天上班、下班，回家的时候孩子都睡了，那这种父母的小孩就跟留守儿童没什么区别了。小健爸爸虽然觉得自己有一些愧疚，但是他表示未曾后悔，夫妻俩

图4-4 第二代留守儿童和他们外出务工父母的居住环境

在外面一个月挣一万多，满足了家里的生活需求，隔一天就会给家里打电话，通视频，孩子的成长也没有缺席。或许是因为自己也是这么长大的，也没有发生什么大问题，小健父母认为留守儿童这件事情，他们俩有办法解决。

由于工作性质的原因，夫妻俩的工作地点一直在变，工队去哪儿他们去哪儿，因此不稳定的工作是阻碍夫妻俩把小孩带到身边的主要原因。除此之外，在打工地点上学要交巨额的择校费，这也是没能将孩子带在身边的重要原因。长期的两地分居让父母错过了孩子性格养成的一些细节。爸爸表示，前两年孩子跟他们还特别亲热，什么都跟他们说，这两年孩子虽然也是经常打电话，但是逐渐不太爱跟他们说心里话了，对此爸爸还是有一定的担忧。

此外，小健的学习问题一直是夫妻俩心头的一块石头，班主任跟他们说孩子特别聪明，就是太懒了，老是不写作业，让人头疼。对此夫妻俩也不知道该怎么办，孩子平常都特别听他们话，就是在学习上不肯下功夫。但是父母又特别希望孩子能读书成才，不用走他们的路，爸爸跟我们说："说实话我有时候想到这些也会掉眼泪，可能是我们太不关注他的学习，他才会对学习这么不上心。"

眼看着孩子就要上高中了，父母表示这两年之内就要回 QIJ 陪孩子了。"虽然在外面挣的钱多，但是高中是一个关键时期，这个时候不回去陪孩子是不行的，我读高中的时候就是缺乏管教没读好，读到高一就辍学了。"小健爸爸这样说。

"小健有一个梦想，就是当厨师"，小健爸爸哭笑不得地跟我们说。孩子一直跟爸妈提起以后要出来当厨师，同时也产生了学习不好就出来打工的念头。问及原因，小健表示打工挺好的，能挣更多的钱，将来能让家里的孩子过上好生活。小健也产生过让下一代留守的念头。

第二代留守儿童家庭的特征在于：一方面由于父母的留守经历，让他们更加能够理解在家孩子的心理状态和会面临的问题，因此会更加关心和重视孩子的问题；而另一方面则容易让有过留守经历的父母将留守儿童现象合理化，认为留守生活是必然的，甚至会影响到第二代留守儿童对于留守现象的看法。

与小健家不同的是，同在柳州打工的小罗一家却呈现出另外一种状态。小罗和他姐姐以及刚出生的妹妹也是第二代留守儿童，他们的母亲当年也在家留守过。与前一个家庭不同，这家的家长对于不得不把孩子放在老家十分地担忧和难过。

小罗一家 7 口人，爸爸、妈妈、爷爷、奶奶以及姐弟三人，他和姐姐生活在 QIJ，跟父母分居，刚出生的妹妹现在在父母身边，等长大了点也要送回 QIJ 去。小罗爸爸刚刚摆脱了给别人打工的生活，自己开了一家汽配店，因此对于事业非常上心，而对于家里的孩子，他表示虽然很对不起他们，但是家里这么多人要吃饭，过了这几年就好了。而孩子的妈妈则十分想念自己的孩子，对于几年前带儿子回家过年然后就没带回柳州的事情耿耿于怀，为此没少跟丈夫吵架。

图 4-5　小罗家的汽配店

　　小罗是这家的老二，11 岁，只比姐姐小 8 个月，是一个早产儿，因此跟姐姐相比，他看起来要小很多岁。身体瘦弱的他十分亲近爸爸妈妈，每年寒暑假都要跟爸爸妈妈待在一起。在柳州他最爱做的事情是骑着爸爸给他买的自行车，在店附近的马路上绕圈，他觉得特别自由，在 QIJ 山里面骑自行车太危险，他更加喜欢柳州的生活。在 QIJ，他有自己的烦恼，尤其是学校里，瘦小的他经常受到其他同学的欺负，每回都是有同学去告诉他姐姐，姐姐才赶来带他走。谈到学校的生活，他很不屑地"哼"了一下。而这些事情他都不敢跟父母说，父母总是会骂他，说他调皮，去跟人打架。

　　而对于只大弟弟 8 个月的姐姐来说，更像是她从小带了一个小她好几岁的弟弟，弟弟在家里和学校都需要她的照顾。从小习惯了照顾弟弟和帮助爷爷奶奶的姐姐，虽然也只有 11 岁，但是却特别的懂事，不会埋怨父母，能够理解他们。只是在姐姐看来，父母在不在家都没什么区别，她已经习惯了这样的生活，并且也不会很想念父母。如今又添了一个妹妹，她非常期待等妹妹长大一点，能带回家里面。

　　小罗的爸爸在柳州收入不低，在老家已经买了两套房了，但是现阶段也没有回去的打算，从小留守，后来又出来的他，对于家乡没有太大的向往。他认为现在最大的问题是无法管教孩子，爷爷奶奶舍不得管得严，自己在电话里管教孩子也起不到什么作用，就怕孩子们跟着别人学坏，不好好上学。小罗妈妈是广西当地的壮族人，她已经把小女儿的户籍改成了壮族，她知道以后肯定要一家子回 QIJ 去，但是她还是有留在广西的想法。当初把孩子送回家她就十分反对，平常想孩子了，就趁孩子他爸出去送货的时候在店里哭，因为孩子他爸现在想把事业做大，一聊到孩子的事就会吵架。

图 4 - 6　汽配店内景

七　两个留守女孩的不同生活

　　这一家住着两个人，年迈的老奶奶和在附近上学的孙女，一老一少租住在一个废弃的幼儿园宿舍里面，为了照顾孙女上学，老人从老家搬到了这里。现在老家已经没有人了，老房子也因为年久失修，早已坍塌，这个小小的宿舍是一家人唯一的住处。儿子儿媳回来的时候，就住在边上去年刚买的高低床上，做饭洗衣服等日常起居都在这个狭小的空间里完成。

图 4 - 7　留守儿童奶奶的背影

　　老人的腿脚不太方便，家里的主要开支除了生活消费和孙女读书的费用之外，就是她的药费了，即便一省再省，还是会有没钱用的时候。儿子儿媳在上海打工，收入也不高，这个家庭面临着非常大的经济问题。

　　即使这样，老人还是十分重视孙女的教育，在教育上该花的钱一分都不会少。孙女的成绩也很好，谦虚的她以二本为目标，实际上她已经是班上的前几名了，她想考到上海去跟父母团聚，但是又舍不得奶奶一个人在 QIJ 没有人照顾。她十分懂事，家里的家务活，大多数都是她完成的，她舍不得让腿脚不好的奶奶干活。

　　孙女非常能够理解自己的爸爸妈妈，她表示虽然很想爸爸妈妈能够回来，但是回来的话家里就失去了生活来源，还是不回来的好。她一周会跟父母微信视频三四次，学校里发生的事，家里发生的事，她都会跟爸爸妈妈讲。她认为跟爸爸妈妈交流很顺畅，奶奶虽然对她很好，但是很多事情跟奶奶讲她都不理解意思，所以孙女很愿意跟爸爸妈妈交流自己的内心感受。

孙女在学习之外最大的爱好是看电视剧，跟其他很多女孩子一样，她也崇拜电视里那些光鲜亮丽的明星们。她也喜欢打扮自己，周末的时候，她会趁着奶奶不在，一个人在房间里用奶奶的衣服、床单等布料"设计"自己的造型，但是她从来不会提出要求买衣服，她所有的衣服都是妈妈过年回来带她去买的。

与这一家完全不同的是，住在棚户区改造的小区里的一家人也是留守儿童家庭，家里也是一个女孩儿，跟前面的女孩还是同龄人。很明显能感受到这一家生活水平的提高，跟爷爷奶奶住在一个精装修的楼房里面，我们到的时候小女孩正在沙发上跟爷爷一起看电视。

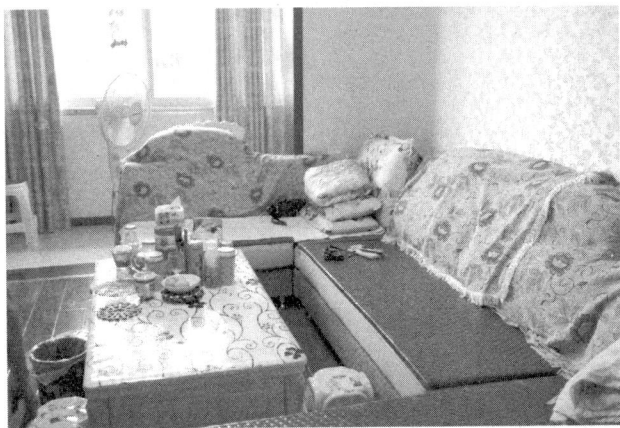

图 4-8　富裕留守儿童家庭的内景

小女孩性格很开朗，也非常地健谈，对于爸爸妈妈不在身边的问题她表示非常能够理解，并且希望爸爸妈妈挣更多钱回来。

小女孩平常跟小区里的伙伴们玩得比较多，她们一起看电视、一起打扮自己，还一起在手腕上臭美地画上了一个"文身"。这样的环境也养成了小女孩开朗乐观的性格。

为了让小女孩在家能够更好地生活和学习，在外的父母给她报了好几个兴趣班，书法、钢琴，小女孩表示其实不想去学，但是爸爸妈妈希望她多学点东西，以后她的生活能更加丰富。参加兴趣班也让她认识了很多朋友，更进一步加强了她与人沟通的能力。与一般留守儿童不一样，小女孩虽然留守，但是在其父母的支持下，她没有感受到太大的生活难题。

小女孩的奶奶表示，孩子的爸爸妈妈最怕孩子常年见不到他们会变得生疏，因此这两年过年的时候，爸爸妈妈会带着孩子出去旅游以增进感情。也正是因为这样，小女孩特别依赖她的父母，几乎每天晚上都要视频聊天，说说自己一天干了什么。

图 4-9　富裕留守儿童居住的小区

能够很明显地看出来，第二个小女孩由于家里经济条件好，规避了很多留守儿童会遇到的问题，同时父母对她的投资也更加能够让她感受到爱，有利于拉近两代人的感情，这样的孩子在未来的社会上能够更快的立足，也更有利于她的发展。跟前一户家庭比起来，同样是留守儿童，同样是跟奶奶住一起，同样的年纪，同样的性别，但是因为家庭经济条件的不同，养成了不同的性格，也形成了不同的命运轨迹。

这样的对比折射出来的道理是，不同的留守儿童面临着不同的生活难题，但是大多数问题都可以通过金钱解决，即便是亲子关系相处不够等问题，也可以通过提升相处质量等途径得到一定的改善。然而金钱确实不能解决所有的问题，留守儿童在早期社会化的学习缺失问题是金钱解决不了的。在这几个故事中出现的留守儿童都十分听话和懂事，但是社会上能有多少这样受到了基本保护的留守儿童呢，有多少因为留守而走上不归路，就如故事中家长所担忧的那样，有多少因为第一代、第二代留守的经历让自己的孩子成为第三代留守儿童。留守儿童的问题是这个社会发展不平衡的产物，在大问题解决之前我们不能强行把父母拉回家，但我们能够做到的是，通过体制的完善，让留守儿童在家里能够通过其他力量得到有效的监护，同时搭建桥梁让父母和留守儿童加强交流，提高交流质量，这些都是重点。故事里孩子们的懂事让人心疼，家长们的焦虑也让人担忧，但是同时我们也要反思，在家长心疼孩子，孩子懂事顾家的事件里，是什么阻挡了父母与孩子的见面？

第五章
第一代留守儿童与富二代的故事
——留守儿童报告之福建篇

一　背景信息

福建省莆田市，位于我国南部，是福建省的下属地级市，素有"海滨邹鲁"之称，是一座著名的历史文化名城。莆田的全市总户籍人口达 329 万，陆地面积 4119 平方公里，并有 1.1 万平方公里海域。2016 年，莆田市农村人均可支配收入为 15131 元，较上年增长 9%，农村居民人均工资性收入为 7345 元，约占可支配收入的 49%。这只是官方数据，事实上，莆田民间财富相对而言比较庞大，其原因一则莆田是我国著名的侨乡，海外侨胞大约有 150 万人，其中华侨 31.5 万人、华人 118.57 万人，有许多海外财富直接汇入莆田地区。二则莆田人以外出（也包括在本地）营商著称，在莆田形成了众多专业乡镇，既有仿冒鞋一条街（全部是本地生产），也有诸如木材之乡、红木家具之乡、珠宝首饰之乡、民营医院之乡等，这些遍布全国的民营产业更是为莆田带来无法准确估计的民间财富。

作为一个人口流动较大的东南沿海侨乡，莆田市的留守儿童不仅包括外出务工人员子弟，也包括外出经商人员子弟；不仅包括国内流动留守儿童，还重点体现在父母出国务工的留守儿童。这几部分留守儿童是否面临着不同的问题，富裕地区的留守儿童问题有何独特性，都是我们需要探究的课题。

二　侨乡村的留守轨迹

在莆田市的山区仙游县，有一个游洋镇，巧合的是，正如镇名一样，近20多年来，镇上的村民远渡重洋，去国外如苏里南、阿根廷、以色列等地务工经商的人数超过5000人，尤其以南美洲小国苏里南为数最多。根据熟悉本地情况的乡贤介绍，大致在1990年，游洋镇 LY 村一位在福州某大学教书的人士，通过自己在侨务部门工作的朋友帮助，让自己的弟弟 LLX 到苏里南打工，这位仁兄在苏里南的商业成功带来了巨大的示范效应，整个游洋镇的出国风潮由此勃发并延续至今。这些人到苏里南，首先在老乡处打工，现在的月薪都是1000美元左右，等稍有积蓄，就自己单干，最普遍的行业就是开小卖部或超市，遍布苏里南的城镇乡村，乃至大山深处。

桥光村是近年来外流出国现象比较明显的一个村落。走进村里，放眼可见的都是建好或在建的小洋楼，看起来很精致的房子却大多只有一二层住人，零零散散几个老人家坐在门口的长凳上聊着天，再往上的楼层都空着，无人居住。村干部向我们介绍，这些楼房都是出国或出省做生意打工的人挣钱后建的，建好了就走了，有的甚至只建一个毛坯房，留下老人孩子守着大房子等着亲人有一天能回来一块儿住。

对于桥光村的小明（化名）来说，家里已经很久没有来过这么多人了，听说访问者是来找他的，9岁大的小男孩一点都不害羞，很自然的便贴近我们身边，接受了访问。对他来说，读幼儿园大班的时候是他对爸爸妈妈的印象最深刻的阶段，因为那个时候妈妈还在家照顾他，是一个看得见摸得着的存在。"我大班的时候，我妈妈……"是他在给我们分享故事的时候一直在用的语句，问及大班之后的生活，他表示"大班之后就走了，就只能在手机里见"。

或许是突然有人跟他聊起了爸爸妈妈让小明想起了什么，没有接受访问的时候便一个人坐在门后翻手机，询问之后得知原来是在手机里找爸爸妈妈的照片。问他最近一次见到爸爸是什么时候，小明熟练地打开手机微信给我们看"上个礼拜爸爸发了朋友圈，没有穿衣服，我爸爸丑死了"。虽然嘴上这么说，但是眼睛却一直盯着那张"丑丑的"照片不肯离开。不同于国内的留守儿童，由于时差和工作性质的原因，身处国外的父母和孩子视频、电话并不方便，相对来说孩子与父母沟通的频率较低。

小明的性格很开朗，这可能跟他从小在好几个地方生活过有关，据他的奶奶表示，小明小时候在厦门姑姑家生活过，后来又到了外公外婆家，现在跟着爷爷奶奶，奶奶说"从小接触的人多，不怕生"。但是这同时也意味着孩子在好几个地方上过学，对于爷爷奶奶来说，现在最大的问题是小明的成绩不好以及过几年上初中的问题。

在小明家附近，有很多小伙伴都跟他一样，父母在苏里南工作，有的时候其他小伙伴的妈妈过年回来，是小明最羡慕的事情，因为他的爸爸妈妈已经三年没有回来过年了，每次逢年过节的时候，小明都要跟爸爸妈妈视频好久，说一说自己的学习和生活状态，以及家里发生了什么。

对于要不要去苏里南这个问题，小明表示"苏里南太危险了，我才不去呢"。这又显示出一个父母不把孩子带在身边的原因，对小孩子来说，国外尤其是苏里南等打工国家，学习和生活环境远没有国内安全和稳定。桥光村支书林先生说，2017 年 4 月，本村就有一家人在苏里南遭遇不测，父子二人在山里的商店里被活活烧死，只有儿媳妇正好去首都才幸免于难，苏里南被视为一个带来财富机会但也危机深重的所在。教育更谈不上了，一位刚刚从苏里南临时回国的中年妇女林女士说："当地的人读什么书啊，老师根本就不管，教育跟咱们这里差了十万八千里。"这决定了即使在苏里南出生的第二代，也几乎无一例外都被送回老家上学，条件稍好的就进城购房或租房，小部分条件不许可的在乡下随爷爷奶奶上学。

此外，小明表示"我语言不好，妈妈很会讲英语，我要把英语学好了再去苏里南找他们"。对父母的想念和难以跨国的亲子沟通困难，在这个情境里转化成了小明学习英语的动力。

在访谈的过程中，很容易发现侨乡村的一个特征，就是不管是留守在家的村民还是从国外回来的村民，这里的人获取的信息和懂得的常识要比其他地区山村的村民要多。他们讨论工资、国际往返交通使用的单位都是美元，美元、欧元货币汇率的细微变动对他们而言都是常识，幼童和老人也能轻易地算出与父母之间的时差是多少。这样看来，在国外的父母还成了留守在家的孩子跟世界交流的一个渠道，虽然儿童留守在家，但是父母为他们打开了另一扇窗，这对于留守儿童来说，是一个少有的收获。也正因如此，留守儿童从小就有可以出国的选择，跟一般小孩子比起来，格局会更大一些，而小明也是打算以后的某个时候跟爸爸妈妈一样去苏里南工作。

小可是小明的好朋友，他的妈妈跟小明的妈妈是同学，并且还一起出国去了苏里南。跟活泼好动的小林不一样，小可是一个比较文静的男孩子，年龄比小明也大一岁。跟着爷爷奶奶生活的他经常会想自己的爸爸妈妈，国际长途比较贵，所以他经常就是等爸爸妈妈下班了再跟他们视频。对于想不想爸爸妈妈回来，他兴奋地跟我们说："有一年妈妈真的回来了。"言语中的意外和惊喜让我们动容。或许他是太长时间没见过妈妈了，也或许他对于爸爸妈妈能够回来并不抱太大期待。不论是哪种情况，父母在国外的留守儿童与其父母见面的机会确实更少。

对于妈妈能够回来陪他，小可并没有想太复杂的问题，他觉得只要是妈妈回来了，就是一件非常好的事情。而对于是否要一直待在家陪他，或者是带他去苏里南等问题，他表示无所谓，都一样，只要能够见到爸爸妈妈那就是好的。跟小明一样的是，小可也决定大学毕业后去苏里南，他认为在国外不仅能够跟爸爸妈妈在一起，而且能挣更多的钱。

对于出国务工的家庭，普遍存在一个常见的现象就是家里的收入很不错，但是对于里洋村的老林一家来说，情况却不是这样的，刚刚度过艰难一年的他们依然面临着很多不可避免的留守儿童问题。

这一家有三口人留守，奶奶和在读游洋镇幼儿园大班的姐姐、两岁多的弟弟。两姐弟都是在苏里南出生的，姐姐在五个月大的时候就被爸爸妈妈的同事从国外带回来，弟弟稍晚一点，回来一年多了。爸爸妈妈在国外五年了，除了去年家里出事回来了一趟，其他时间都没有回来。奶奶说，出国务工需要一大笔成本，儿子儿媳妇两个人的成本将近30万，这对于本就贫穷的家庭来说是好不容易挤出来的钱，再加上两个人在苏里南做生意失败了，欠了很多钱，因此现在五年了，成本还没收回。老人家最大的心愿就是咬咬牙熬过这几年，等儿子儿媳收回成本开始挣钱。

不像其他做生意的，小孩的父母在苏里南给人工作的工资是一个月1000美金，跟国内一个农民工的工资比起来其实也差不了多少，再加上生活环境的不稳定和不安全，家里嗷嗷待哺的老人小孩，一定要成功的决心等多种念头交织在一起，给小孩父母带来了巨大的压力，这种时候如果还在身边带一个孩子，对孩子或者对自己来说都是一个不太好的选择。老人说："孩子他爸下了决心，不挣钱就暂时不回来。"

将小孩送回国内，也是小孩父母不得不做出的选择，据奶奶表示，虽然在国外出生的小孩可以入当地的国籍，但是小孩子的父母还是托朋友帮忙保留了中国国籍。在父母看来，苏里南不是一个适合小孩快乐成长的国家，即使是对他们这些大人来说，也是充满了很多威胁，因此虽然很舍不得，但是夫妻俩还是毫不犹豫地将小孩送回国内成长。

然而即便在国内，留守儿童的情况也依然让人担忧。不同于前面的小明，小女孩见到陌生人非常害怕，躲在奶奶身后不敢与人说话。虽然在国外出生，但是五个月就回来的她对国外一点印象都没有。而对于从有记忆起就只出现在电脑那头的爸爸妈妈，小女孩也能够准确地指出哪个是爸爸哪个是妈妈，据奶奶说，孩子知道爸爸妈妈在外面挣钱，也能够理解只能在屏幕里见到爸爸妈妈，并且几乎每天都要跟爸爸妈妈视频聊天。而天真无邪的弟弟还趴在奶奶怀抱里睡觉，他现在还不能够理解这些东西。

由于村里没有幼儿园，为了小孩读书，奶奶在镇上租了一间旧屋，房租每年 1000 元。周一到周五接送孩子，给孩子做饭。周末还得乘车回乡下照看自家的地，栽种些蔬菜和花生、番薯等作物，作为日常生活的补充。镇上到村里的交通费用每人每次 8元，本来小朋友都免费，最近交警依法治理超载，运载人数受限，司机也只好收小朋友的钱了，这样一来，他们回家一趟单程就要 24 元车费，让奶奶相当头疼。可以看出，尽管儿子儿媳在国外工作，但是家庭生活依旧十分拮据，再加上丈夫去年离世，带着两个嗷嗷待哺的小孩，奶奶承受着巨大的经济压力和心理压力。

出国务工的农村留守家庭或许会有更多机会积累更大的财富，但是从其付出的家庭成本和承担的风险来看，一旦在国外挣不到足够的钱，那么这个留守家庭所面临的苦痛要比一般国内留守家庭的苦痛更多。

三　团委和公益机构合作下的留守儿童关护

前往秀屿区访问，源于我们在《湄洲日报》上看到关于该区团委领导下的"青少年事务服务中心"的报道。中心在关照留守儿童的具体举措上有一些创新，比如，举行"青春同期声"和"青春筑梦人"活动，前者让留守儿童讲出自己的故事来疏解心结，后者旨在发掘留守儿童的特长，鼓励留守儿童成长。当团委干部带领我们家访时，参与协助的还有一些志愿者，这些志愿者本身来自营利机构托教中心，但也积极参与团委组织的公益活动，其机构也提供部分慈善功能。

A. 一小时路程的留守

DQ 村这一户有两个留守儿童，由爷爷奶奶带着，租住在三间矮平房里。姐姐是老人家大儿子的女儿，父母离异，爸爸已经再婚，再婚妻子也有自己的孩子，两个人的婚姻形式属于"两头顾"，也就是各管各的父母和子女。爸爸和后妈一起去外省打工了，干的就是些栽树种草的粗活。弟弟是老人家二儿子的儿子，爸爸妈妈都在餐厅工作。堂姐弟 7 岁开始跟着爷爷奶奶生活到现在 14 岁，从小一起长大。

表面看起来，两姐弟都斯斯文文，不怎么爱说话，但是实际上还是因为见到陌生人的窘迫在作祟。弟弟的爸爸在不远的地方工作，甚至说回家的路程只有一个小时，但是由于工作是在餐厅里做水煎包，每天的工作时间随着营业时间在变化，最早也要到晚上十点多才能下班，因此为了不折腾，儿子开始了长达七年的留守生活。值得注意的是，我们本来以为长期不跟爸爸生活在一起的孩子，再加上这个看起来不太爱表达的性格，可能孩子会不那么亲近爸爸，结果这是一个提起想不想爸爸就开始眼眶泛泪心思细腻的男孩。在家里的客厅里，有两个电子设备，一是电脑，据说偶尔才会让堂姐用一下，大多数的时候是堂弟专用的（因为是他的爸爸出钱买的）。电脑旁边搁着一台电视，两人的日常就是你玩你的电脑，我看我的电视，互相不干涉。

图 5 - 1　留守儿童家庭租住的平房

图 5 - 2　租住房屋的内景

对于跟父母的沟通，对弟弟来说就是一周三四次跟爸爸视频聊天。弟弟对爸爸的喜爱溢于言表，最大的期待就是爸爸回来，带他去逛超市。而相同的问题到了姐姐那里则变成了不跟父母沟通，也不想跟父母交流，姐姐在提及父母这个话题时表现得十分不屑，比较抗拒，这可能跟她的父母离婚有关。

有趣的是，在访问过程中，两姐弟一句话没有说，各自低着头回答自己的问题，问及这个问题，弟弟说："我们一直都是这样的，我也不是针对她，我只是不太喜欢跟女孩子玩。"追问之下，弟弟表示两人在学校也根本不说话。事实上，姐弟俩并没有闹矛盾，也不经常吵架或打架，但两个人就是不亲近，基本上就是管好自己的事情，不去管别人的事。

对于弟弟说不想跟她玩这些事，姐姐的表现很酷，她也告诉我们上初中后，她打算不跟弟弟同班。从小就一起留守，一起被奶奶带大，甚至说连年纪和搬家经历都一样的姐弟俩，却再也不想互相捆绑对方了。身处同样的环境下，同样的留守儿童，姐姐和弟弟却形成了完全不同的性格。他们日常开销都来自在外工作的爸爸，然而他们对待父母的钱也有不同的看法。"我一分钱都不要他们的"是姐姐的态度，与此相应的是当我们问到她想不想父母回来的时候，姐姐直接生气地表示，"别回来，不要回来"，"回不回来关我屁事"。

而在与爷爷奶奶的关系方面，两姐弟也存在不同。对于奶奶对他们这么多年的照顾，弟弟表示奶奶对他特别好，他很满意，而同样的问题在姐姐这边的答案则变成了"还行，一般吧"。为什么同样的问题在姐弟俩嘴里有不同的答案，是因为这个家庭重男轻女？还是因为姐姐本身性格存在缺陷？或者是姐姐的父母离异对她造成的影响？真正的答案肯定是多方面的，但在奶奶的嘴里，她对两姐弟特别满意，她认为两个人天天待在一个屋子里关系肯定特别好，这么多年过去了她甚至没有发现她的一对孙子孙女在家和学校都不说话。这也从侧面说明了一个问题，也就是老人眼中留守儿童的状态和孩子实际的状态存在差距，这其中既存在双方沟通不足的问题，也存在着老人和小孩看待事物的差异问题，因此在老人监护下成长的留守儿童，也十分容易产生问题。

B. 双重身份：服刑人员家中的留守儿童

刚到小俊（化名）家小区门口的时候，这个无比瘦弱的小男孩就在路口等我们，见到我们的车也没有多说几句话，就默默地走在前面领我们上他们家。这个小区是一个安置小区，住在里面的都是当年被拆迁的农村人，小俊家也不例外，房子里装修得也比较好。小俊的妈妈在鞋厂里工作，计件工资，一个月收入大概 4000 元，这其中就包括了儿子和自己的生活费、赡养爷爷奶奶的费用，以及在孩子他爸身上花的钱。这是一个比较特殊的家庭，父亲是服刑人员，所以小俊既是一个留守儿童，也是一个服刑人员子女，而与之相对应，他所面临的社会化难题也将更多。

图 5 - 3 妈妈给孩子留的话

由于工作太忙，小俊妈妈一般都是晚上快十一点了才能回家，而小俊上的中心小学离家又要 1 个小时的车程，所以为了不让孩子天天在学校待到十点多等他妈妈来接，小俊接受了青少年服务中心的帮助，让他能够免费住进学校附近的托教中心。此后小俊的生活便是周一到周五住在托教中心里，周末妈妈去接他回来，即便是在周末，小俊也还是一个人在家里，妈妈早上会煮好中午和晚上要吃的东西，小俊自己加热。

图 5 – 4 留守儿童家庭内景和孩子

小俊妈妈每天早出晚归，即便是儿子在家的时候都不一定能见上面，她在家挂了一块黑板，专门用来给孩子留言。今年暑假小俊就一个人在家生活了近两个月，妈妈每天要去上班，教托中心暑假也放假了，一个人在家的小俊每两天就能看完一本课外书，在他们家的沙发上，高高地摞了一堆这个暑假他看完的书。

从观察来看，小俊的性格是比较内向的，说话低着头，声音也不大，据妈妈说，以前小俊也是个调皮的孩子，每天也爱闹腾，但是自从他爸爸入狱以后，小俊就开始不跟人说话了，不交朋友，不去找同学玩。小俊每天除了在家待着，就是一个人到楼下街上去闲逛，小区里住着一个他的同班同学，但是他从来没有去找过这个同学。小俊妈妈对此也没什么办法，毕竟天天要上班，而且小俊每天待在家里她也更加放心。她认为孩子待在家里，不出去乱玩，就不会有什么危险，毕竟这里河汊多，不出门也就不会走他爸爸的老路。说明小俊妈妈是希望儿子每天待在家里不与人交际的，如此看来，在这个留守家庭的日常生活中，母子二人都有不足之处，小俊过分内向，妈妈放任不管。但归根结底，所有大问题的起因都是这个家庭的父亲入狱，对剩下的两个家庭成员的影响太大。

　　而从小俊家的装修来看，虽然住的是安置房，但是小俊家的经济压力不是很大，现阶段面临的生活问题也都不是因为缺钱所带来的。心理上的伤害和压力对于小俊来说才是阻碍他成长的重要因素。从小俊的反馈来看，他的爷爷是带给小俊精神压力的主要原因。有的时候小俊要去家附近的爷爷奶奶家吃饭，爷爷就会直接骂他："每天跟你爸一个德行！你爸爸犯罪你也会犯罪！我不想管你们！你那个妈妈也不会要你的。"对于年纪尚小的小俊来说，他听到这种话只能哭，哭完了回家也不敢跟妈妈说，怕妈妈伤心和生气。

　　看电视也是小俊的兴趣爱好之一，尤其是综艺节目，在我们刚进他们家的时候，小俊就躺在沙发上看综艺节目。他最喜欢的综艺节目是《向往的生活》，一档生活服务纪实节目，主要内容就是身处都市的明星艺人到农村体验乡野生活，自力更生，温情待客的生活场景。或许搬家之前的农村生活，才是小俊内心深处最向往的一部分，也有可能是在农村生活的时候，爸爸在家，他怀念的其实是父亲，他记得和父亲在一起最愉快的经历，是父亲带他去游泳。对于父亲，小俊表示他这几年就去看过他两三次，他不太想去看望父亲，从谈吐看来这个小孩是一个很听话的孩子，妈妈叫他干什么他就干什么。虽然很听话，但是妈妈还是有自己的担心，"他每天都一个人，在家里干些什么我也不知道，就怕他自己出去跟他爸一样，跟人学坏了，走上不归路"。即使这样埋怨他爸爸，小俊跟妈妈还是每天都在倒数爸爸出狱的时间，访问当天是倒计时776天，能感觉到在母子俩内心深处，对小俊爸爸还是有很深的情感。

　　小俊也有自己的烦恼，在班上他经常被其他同学欺负。本来这也正常，小学生之间免不了打闹，但是问题在于小俊是一个自尊心特别强的孩子，他认为被人打或者被同学们孤立，是因为他们都知道了他爸爸是服刑人员。他觉得其他人欺负他，那就不理别人，所以就造成了别人看小俊成天不说话内向好欺负就去欺负他，小俊看别人来欺负他就更加不想理班上的人，更加不愿说话，形成一种恶性循环。

在我们访谈之前，妈妈从来没有从小俊嘴里听他说过这些事，小俊从来都是一个报喜不报忧的孩子。据妈妈回忆，上学期小俊数学考了一次满分，还没有放学就跑到老师那借电话告诉妈妈，但是如果学校发生有人欺负他这种事情，小俊从来不会跟妈妈说。可以看出，同绝大多数留守儿童一样，小俊其实是一个渴望被关注、渴望被需要的孩子。

C. 托教中心的代理家长职能

通过以上几个故事的回顾，不难发现在莆田市的留守儿童问题中，发挥着巨大作用的一个重要机构——托教中心。不论是家里条件好的留守儿童，还是经济条件不足的家庭，都有留守儿童被送到托教中心照看。托教中心的职能主要是对孩子的生活照顾和托管，其次附带一些作业辅导和学习监督。有的家庭没有条件在学校附近买房或者租房，托教中心就是他们最好的选择。而值得注意的是，托教中心是留守儿童的重要阵地，由于莆田市的留守儿童家庭经济条件相对较好，因此为解决父母不在孩子身边的问题，便有了托教这种市场选择，让留守儿童在一个临时的家庭里面获得学习和帮助，直至父母回家。托教中心在这里其实扮演的就是一个代理家长的职能，对留守儿童来说尤为明显，对改变留守儿童现状也大有益处。在其中一个托教中心，有一位老师带着自己的两个孩子，住在员工宿舍里，两个孩子的爸爸在外地工作，妈妈也要每天照顾中心的所有小朋友，因此对他俩来说留守儿童会遇到的问题他们同样会遇到。而在这个案例里，两个小孩同样缺乏父亲的陪伴，但是在托教中心老师的关爱下，尤其母亲是对照顾留守儿童有经验的老师，这两个孩子经常参加各种活动，认识更多的人，锻炼社交技巧，学习更多的知识，在这些因素的影响下，两个小孩被培养得落落大方，健康开朗，没有多少留守儿童中常见的问题，甚至他们还能很好地协助照顾假期里被妈妈带回家的其他留守儿童。

对于留守儿童的学习、生活而言，虽然托教中心在市场和公益两端都起到了积极的作用，但是托教中心尚处于灰色地带，如协助我们家访的托教中心只能注册为教育咨询服务公司，其经营范围受到限制，他们承接的托教业务，经常遭遇来自教育、民政、消防、卫生等部门的取缔或打击，如何规范其法律地位和经营行为，值得行政主管机关、群团组织、市场主体和社会（留守儿童家庭）共同探索并做出有效的努力。

四　"莆田系"医院发源地的留守儿童生活

近 20 年来，"莆田系医院"已经成为中国当代政治、经济、文化、社会领域的一个突出现象。媒体奔赴莆田挖掘莆田系医院的发源地东庄镇时，往往吃惊于东庄镇私宅、汽车的豪奢及乡村的空心化。但在这里，留守儿童现象同样不容忽视。

东庄镇 QS 村是莆田系医院真正的发源地，媒体广泛报道过，陈德良是整个莆田浪迹江湖贴小广告治疗皮肤病的鼻祖，他带出来的几个徒弟后来成为莆田系医院的第一批带头大哥。陈德良早已金盆洗手，现在在村里担任"陈靖姑祖庙"管委会主任。同样在这个村，有一位卓姓的年轻企业家，他正在努力以正规化、高端化的妇产科医院经营来颠覆外界对莆田系医院的认知，获得了极为广泛的关注。关于东庄镇留守儿童的调研主要在 QS 村展开。

A. 三兄妹

这一户家里有三个留守儿童，大哥哥和他的一个妹妹、一个弟弟。我们到的时候三兄妹在客厅里一起看电视，安静地坐在一起，偶尔会有一些讨论。这是个刚建好不久的房子，而里面的装修看起来像是父母匆忙回来又匆忙离开的结果。父母在拉萨一个莆田系医院的后勤部门工作，也没什么文化，每人月工资不会超过 3000 元。

对于家里大大小小的事情，三兄妹其实了解的不多，在他们看来，在学校好好学习，在家里听奶奶的话，就是他们生活中最重要的两个事情。至于爸爸妈妈在不在家，年纪还小的弟弟妹妹对此除了想念的情绪之外还没有产生任何想法，而年纪稍大的哥哥则认为，父母不在家，他当哥哥的要帮助爷爷奶奶照顾弟弟妹妹。虽然自己的成绩不是最好的，但是他还是会辅导弟弟妹妹功课，虽然自己放学后也很想跟同学们出去玩，但他还是一下课就去弟弟教室门口等他，以防弟弟跟同学玩，跑远了。还在读五年级的哥哥，把自己的弟弟妹妹照顾得很好。

三兄妹经常会讨论的一件事就是爸爸妈妈什么时候能回来，每当讨论到这件事，哥哥和妹妹还比较淡定，但是弟弟是他们之中最想念爸爸妈妈的人。经常问哥哥爸妈何时回来的弟弟平常看起来是一副不太爱说活的样子，但实际上他是三兄妹中学习成绩最好的，有什么问题他都会来问哥哥，哥哥不会，兄弟俩就会给爸爸打电话。兄妹三个一周跟父母视频一两次，聊天的内容通常以三个人的学习和生活为主，除此之外，父母还会关注家里农作物的情况，对此哥哥需要对家里的花生、玉米的情况非常了解才能跟爸爸"做好汇报"，因此平常他也会跟爷爷奶奶到地里面去看看。

这一家在 QS 村也属于很一般的家庭，但是爸爸妈妈在外面非常努力，爷爷奶奶在家里也辛勤种地，努力干活挣钱，因此通常家里面只有兄妹三人。由于西藏太远了，今年暑假三个人没有去父母工作的地方陪他们，也只能在视频里面聊聊生活。QS 村是一个比较大的村庄，因此兄妹三人的同学也很多，暑假里他们会经常跟同学和朋友出去玩，享受无忧无虑的童年生活。哥哥一般要跟着弟弟出去，以防他出现什么意外。

三兄妹中的妹妹，排行老二，是一个性格比较内向，不太爱说话的姑娘。据她说，她的成绩是三个人中最差的，哥哥虽然会辅导她，但是她上课的时候还是喜欢发呆和走神。跟哥哥和弟弟不同，她平常没有什么其他活动，放学了就喜欢待在家里看电视，哥哥弟弟出去玩的时候她偶尔也会跟去。对她来说，在家里什么事都有爷爷奶奶办，弟弟有哥哥来照顾，身为女孩的她，只要老老实实的，就不会有什么问题。她也担心自己的成绩，面对我们的提问，她也表示自己想读大学，可是成绩不好的她连想读大学这句话都是小心翼翼地说出来的，仿佛是说了什么不该说的话一般。虽然这边重男轻女的思想比较严重，但是孩子的奶奶还是对自己的孙女比较满意，她表示"孙女虽然成绩差了点，但是很听话，不惹麻烦"。家里人对她的要求就是不要惹麻烦，显然这一点小女孩做到了。

B. 留一代与留二代——留守儿童的付出与回报

在村民的带领下，我们来到一户隐藏在多个亮丽房子之间的相对破旧的房子里，在昏暗的房间里，三个年纪相仿的小男孩围在一起玩着他们简单的玩具，有些佝偻的奶奶戴着斗笠，或许是正准备出去干活。

在这个莆田的沿海地带，重男轻女的思想非常深入，据村民表示，父母一定要给家里的儿子建好房子，娶好老婆，养一个儿子的经济成本很高。而这家人有三个男孩儿，父母的压力可见一斑。针对这个问题，孩子的奶奶表示，"养了三个儿子，不出去打工的话怎么生活，所以一定要出去挣钱"。三个孩子的爸爸妈妈远在新疆乌鲁木齐，先是在同村人开办的医院里面工作，据说刚刚转去追随一个新疆本地人了，也是开医院的。奶奶说不出医院的名字，也完全不了解详情，但是隐隐有些担心。相对于其他开医院的同乡，没有学历、没有社交能力、普通话也不好的他们每个月挣的钱相当有限，家里的三个儿子生活过得比较简单。也正因如此，还没有挣到大钱的孩子爸妈更加决定不能够回家，一定要挣到钱，给家里盖上大房子，他们才会觉得是对父母、孩子好。

值得注意的是，对于"留守儿童"这个词，大多数的村民不太了解，对他们来说，作为一个人口流动大且大家都在挣钱的村庄，父母出去打工，儿女留在家里是一件非常普遍的事情，爷爷奶奶也没有觉得孩子不在父母身边会有什么问题。之所以有这种想法，一方面源于这个村庄普遍外出的传统；另一方面也跟这里重视亲情和家庭有关，小孩在家能受到很多亲人的照顾，比带在身边可以受到更多的保护。

三兄弟这样的家庭在这边十分普遍，一个家庭两个孩子、三个孩子是一个很正常的事情，作为独生子女的留守儿童非常少。据孩子奶奶表示，三兄弟老大8岁、老二7岁、老三也才5岁。年龄相近的他们从小一起长大，吃饭、睡觉、上学都有人陪伴，能够大大减少身为留守儿童的孤独感和被抛弃感。但是孩子们也会想念自己的爸爸妈妈，尤其是三个人打架、吃饭、睡觉前等时候。三个人会因为一些非常小的问题打起来，每次打完架都争先恐后地到爸爸妈妈那里告状，这家的孩子和老人不太会用电脑，因此跟爸爸妈妈的联系只能通过手机通话来完成，也不会视频，对于每天家里都热热闹闹的他们来说，爸妈不在家这件事情，对他们的人格形成没有造成太大的不良后果，孩子们的性格都非常好。

相比于三兄弟的家庭，其他留守儿童的父母一般收入还不错，因此寒暑假的时候孩子通常会被接去跟父母团聚。莆田三个调研点的区、乡、村干部都曾告诉我们，暑假期间找到留守儿童不大容易，在游洋镇我们打算家访的几位高考生都不在村里，还有一位考上重点大学的孩子甚至去苏里南看望父母未归。小女孩阿红（化名）是三兄弟的玩儿伴之一，她跟我们说："我虽然每周才给爸爸妈妈打一次电话，但是只要放假，爸爸妈妈都会接我到台州（父母工作的地方）玩，我这个暑假去台州待了半个月。"问及为何只待半个月，小女孩表示："我爸妈在台州的医院不要他们工作了，他们就换到郑州去了，爸爸说郑州还没安定下来，就把我先送回家了。"从这个可以了解到，莆田人在外工作，会遇到工作调动或者流动工作的情况，这种情况下把小孩带在身边对父母和孩子都会产生不良影响。其次是虽然部分家长有经济条件将孩子带在身边，但不带走的原因首先是流入地教育壁垒，对留守儿童来说，到爸爸妈妈上班的地方上学非常的困难，再加上莆田本地对教育的投入和发展，将孩子放在家里是对各方面因素衡量之后做出的理性选择。

第六章
留守儿童的研究结论和政策建议

在经历了甘肃、重庆、四川、广西和福建五地的留守儿童调研之后，感觉像跨越了几十年的时光，每个地方的留守儿童给我们留下的印象都不完全一样。虽然研究者记录了一些具有代表性的留守儿童故事，可是这些并不足以刻画他们的全貌，甚至都很难说我们真正地了解了留守儿童和他们的家庭。尽管如此，我们还是希望从研究者的视角，结合访谈中留守儿童的故事，谈一谈研究结论以及提出一些政策建议。

一 留守儿童是一个历史遗留问题

长期以来，多数的研究者都认为留守儿童和贫困有直接的联系，或者说，"留守儿童"这个词本身就天然带有贫困的基因，但历史上，最初的留守儿童家庭往往在当地属于最富裕或者是比较富裕的家庭。因为在最早父母流动和外出务工经商的家庭中，人口流动带来的务工经商收入远远高于务农收入。或许当知道在福建80年代中后期部分外出务工经商人员能够有2万~3万元的年收入时，您还会觉得留守儿童天然带有贫困的基因吗？从此种意义上讲，我们宁愿相信他们身上天然带有的是普通中国人与命运抗争的基因。一代人与命运抗争，两代人与命运抗争，所以，人们能够看到留守儿童从 80 年代中后期就开始出现，一直持续到 30 年后的今天仍然在中国农村地区普遍存在。

留守儿童是一个历史问题，造成这个历史问题的原因是业已制度化、固化的城乡差异和地区差异，农村人口想改变自己的命运，只能依靠自己，外出务工经商都是家庭改变命运的最优选择，这种选择的背后充斥着无奈和不得已。谁也不想抛家弃子的孤独外出，但守在农村的后果很大程度上意味着贫困和没有出路。无论是在历史上，还是当下，给留守儿童家庭选择的余地并不大，以至于在已经成为世界第二大经济体的中国农村遍地都是留守儿童家庭，是老人和孩子的身影。很难想象，在长达 30 多年的经济高速发展过程中，有一群人始终在抗争、在拼搏，放弃了亲情和关爱。

中国社会经历了历史性的跨越式发展，留守儿童的出现和流动人口的出现一样，更像是一个进步的力量在推动着中国农村家庭能够与经济社会发展同步。虽然他们一直处于弱势地位，虽然他们改变家庭命运的努力那么微不足道，虽然他们忍受着人生的伤痛继续前行，但我们的社会为这些推动中国社会进步的贡献者所给予的帮助实在太少，以至于留守儿童和留守家庭在农村社会的历史和现实中都普遍存在。

如果敢于承认留守儿童是一个历史问题，那么人们需要反思的就是为什么在 30 多年的历史进程中，留守儿童和留守家庭的命运没有被彻底的改变？客观地说，这与中国农村之前庞大的人口基数有关，毕竟在每一个时代，机会总是少数人的，大部分人只能等到下一代的轮回。而更重要的是，30 年间社会中始终存在着阻碍人们改变命运的制度樊篱。抛开这些制度樊篱来讨论留守儿童问题的解决显然难以切中要害，真正把留守儿童作为历史问题来解决的关键就在于打破历史形成的不合理的社会制度，而不是让来自不同代际、不同地区的人们来独自抗争自己的命运。

二　留守儿童是一个残缺家庭问题

留守儿童的出现是一个家庭无奈的选择，却也是一个农村家庭在真实生活情境中理性化的最优选择，这看起来像是一个逻辑不通的笑话，却又是一个真实家庭生活存在。留守儿童问题直观地说是一个家庭问题，本质上是一个工业化之后人类社会普遍面临的社会总体转型对家庭渗透带来的问题。随着工业化的发展，传统中国社会中的家族瓦解、家庭功能日益弱化，社会保障逐步取代了部分家庭保障功能，成为重新构造的社会保护的安全网。中国留守家庭暴露出的问题就在于有相当多的农村家庭在家庭功能弱化之后却没有被社会保障网所覆盖，而传统社会中的互助模式早已不复存在，农村家庭沦为直接暴露在社会风险中的"弃子"，被迫成为承担所有社会风险的孤立社会单元。留守儿童问题只不过是农村家庭所承担的社会风险中的冰山一角，人们随意就可以列举出农村家庭中其他很多问题，比如空巢老人、留守妇女、光棍，等等。

通常研究者都会把留守儿童家庭视为残缺家庭，或者是不完整家庭，这种家庭存在的问题主要是由于家庭成员（尤其是父母）的缺失给子女带来的种种身心健康问题，而形成残缺家庭或不完整家庭的原因很多，婚姻破裂、未婚先育、人身意外等，都会形成残缺家庭或不完整家庭。大多数留守儿童家庭从学理上讲是阶段性或者暂时性的残缺家庭或者不完整家庭，甚至在调研中，我们看到父母与子女可以通过电话、微信视频沟通，频繁的互动也一定程度上弥补了父母不在身边造成的关爱缺失。与婚姻破裂、未婚先育、人身意外等原因造成的家庭残缺相比，留守儿童家庭反而是相对幸运的，因为他们还存有更多的希望。

之所以把留守儿童问题归结于家庭问题，是想让更多的人从家庭的角度来关注残缺家庭或者不完整家庭所存在的种种问题，而不是只关注留守儿童问题。以家庭为单位整体性介入比以个体为单位的部分解决要更能切中要害，能够收到事半功倍的效果。同时，也能够避免在解决问题的过程中有失偏颇。比如，在我们的调研中能够发现，农村离婚家庭的孩子即便与家人在一起，其生活的窘困也比父母一方外出务工的留守儿童更糟糕，甚至还有一些离婚后弃子而去再也没回来、对子女不闻不问的父母。因而，如果我们只关注留守儿童家庭，而不是将其视为阶段性的残缺家庭或者不完整家庭，那么对问题的解决可能是有所偏差的，也可能会遗漏一些更需要帮助的人。

三 留守儿童是一个全社会性问题

无论是在甘肃、四川，还是在福建，留守儿童的数量之大，比例之高，分布之广都是史无前例的。如果按照中国 15 岁以下人口达 2 亿多来推算，留守儿童的存量即便是保守估计也应该在 5000 万以上，而如果统计有留守儿童经历的人口数量，到目前为止恐怕要在 2 亿人以上。显然，在这么庞大的有留守儿童经历的人口中，不可能所有人都有问题，因为我们在社会中并没有看到那么多有留守儿童经历的人出现种种问题，甚至还可以举出反例，证明有留守儿童经历的人可能成为成功的企业家，可能成为严肃的研究者，也可能成为卓越的艺术家，等等。但是，我们不能忽视，在现有的 5000 万以上的留守儿童中只要有一个很小的百分比出现问题，就有可能造成极其严重的社会影响。1% 就是50 万，如果有 50 万的问题儿童或者问题青年，他们对社会的负面影响也是极其巨大的，故而，要把留守儿童作为一个潜在的社会问题来看待，而不能等闲视之。

把留守儿童问题视为一个社会问题，就要思考如何让全社会共同努力解决留守儿童问题。制度的樊篱、家庭的无奈、个体抗争命运的无力，在此之外，需要更多的政府组织介入进来，需要更多的社会力量介入进来，需要更多的公益组织和热心人介入进来。其实，不论是在甘肃、重庆，还是四川、福建，都能够看到各方都在为此而努力，政府部门出台了相应的帮扶政策、学校里有专职的老师和免费的视频通话装备、QIJ 的关爱下一代工程委员会还通过企业赞助组织了去务工地看望父母的活动，这一切都显示出各方热心人士在行动，而这一切在 5000 万留守儿童的面前又显得那么微不足道。

最糟糕的莫过于我们看到了第二代留守儿童的出现，这意味着第一代留守儿童家庭与命运抗争的失败，以及又一次抗争命运的轮回，命运的轮回背后可能又是一代人的牺牲。事实上，在经济社会发展过程中，特别是在进入现代化社会的国家里，通过家庭和个人的努力来抗争命运的桎梏已经有点不合时宜。一个理想的人类社会是应该让每一个努力的人都获得其应有的收获，不论是知识改变命运，还是努力造就明天，这些都应该获得世人的尊重。但是，我们既看到了一部分留守儿童家庭改变了自己的命运，甚至成为时代的弄潮儿，也看到了一部分留守儿童家庭进入了新一轮的命运轮回，形成了留守儿童的代际循环。

四　留守儿童常态化和标签化的影响

留守儿童从产生到现在已经成为农村社会中普遍存在的社会现象，留守儿童不是一个短期才出现的新问题，而是已经常态化的社会问题。所谓的常态化包含有两层含义：第一层含义是，留守儿童的出现和持续存在时间足够长，在农村社会几乎是随处可见，他们是农村社会常规家庭生活中的一部分；第二层含义是，人们对待留守儿童的态度已经习以为常，农村大部分的成年人都认为留守儿童与其他儿童相比并无太多的不同。留守儿童常态化带来的负面影响是让人们，特别是与留守儿童长期在一起生活的人们，忽视留守儿童的特殊性，从而对留守儿童所面临的困境视为家庭自身原因造成的，不能够对他们形成关爱和帮助。留守儿童常态化的看法在基层干部、学校老师和普通群众之中得到较大程度的认可，而这些人往往也是和留守儿童最接近的人群。

与此同时，我们在调研中也看到，政府教育部门、民政部门、妇女和儿童相关部门出台的与关爱和照料留守儿童相关的文件和措施中，反而都存在着对留守儿童的标签化倾向。甚至在一些学校里成立了专门的留守儿童心理辅导室，设立了照顾留守儿童的专职老师。这种把留守儿童视为与非留守儿童彻底不一样的分类措施，从意愿上讲是积极的，但从结果上讲却有可能起到负面的效果。因为大多数留守儿童在现实生活中并没有表现出与正常儿童特别大的差异，刻意在他们学习和生活的环境中制造区别对待的社会环境可能适得其反。调研中大部分留守儿童都告诉我们，他们不觉得自己和其他孩子有什么区别，如果说有区别的话，还是城乡差异更加明显，而不是留守儿童和非留守儿童的差异。且从他们的成长路径和结果来看，从 80 年代到现在的 30 年中，留守儿童出现问题的也只是一小部分人，而不是全部。故而通过制度设计把留守儿童标签化是不太理智的做法，可能会带来其他不知情的成人和儿童对他们的歧视，形成真正的社会区隔。

常态化和标签化是当前最常见的两种看待留守儿童的倾向，前者带来的是漠视，后者带来的是歧视，看待留守儿童问题的正确态度应该是重视和平视。所谓的重视就是关注留守儿童的需求，包括学习、生活和心理各方面的需求。所谓的平视就是平等地看待留守儿童和其他儿童，不要主观地把留守儿童归为"异类"。如果再进一步地说，可能还要珍视留守儿童身上特有的品质，他们中有一部分往往能够更早地了解人生的苦难和磨砺，在生活中学会了如何自立自强，这些品质反而可能是正常家庭儿童所缺乏的。调研中，我们也发现有一些家长特意培养孩子这方面的潜质，让城里的孩子也跑到留守儿童聚集的寄宿制中学去学习。

五　留守儿童区域差异及前世今生

在研究设计时，我们选择了甘肃、四川、重庆、福建四个省份作为调研点，其目的就是发现不同地区的留守儿童有什么样的差异，以及观察多样化的留守儿童生活。这四个调研点的选择恰恰反映了一个农村社会和留守儿童成长的轨迹。

在四川东部藏区，那里的人们还处于传统农业社会的耕作及采集阶段，没有形成外出务工的习惯，大多数人家都是务农，依靠或微薄或相对丰厚的农牧业及林下收入来维生，而他们的孩子改变命运的方式之一是进入寺庙成为僧侣，由此出现了"逆向的留守儿童"。这种逆向留守儿童的出现体现出在没有人口流动的农牧业社会中，农村家庭改变命运的方式之一是孩子流动，而大人留守。应该说，这是传统前工业社会家庭改变命运的主要模式，试想起来，早些年把孩子送出去做学徒也是一样的道理。当然，在其中传统文化、宗教习俗也起到了较大的作用，文化转型往往相对滞后于现代社会经济生活转型。

在甘肃可以看到另一番景象，由于本地的耕地资源相对有限，人口密度又偏大，且缺乏能够解决农村劳动力就业的工业基础，大量的人口是到外省务工。这些外出务工的家庭都知道，外出务工不可能从根本上改变家庭命运，而孩子接受良好的教育是他们家庭改变命运最大的希望，就此可以看到大部分家庭外出务工、让孩子留守家庭的直接目的是让孩子能够进城上学，获得更高质量的教育。由此，农村家庭外出务工往往和孩子进城上学紧密地联系起来，家庭可以不惜牺牲亲情为代价，也造成了农村学校的快速衰败。

来到重庆，我们看到的是当地已经有了比较好的工业基础，且紧邻重庆城区的区位优势也让农村家庭外出务工有了更多的选择，所以尽管与甘肃一样存在人多地少的情况，但他们这几年留守儿童的数量保持相对稳定，甚至有些地方留守儿童的数量还有所减少。这些特征都说明重庆的调研点整体上处于工业化中期，能够就地解决一部分家庭外出务工的需求，也使得一些儿童不需要留守，可以与父母居住及生活在一起。同时，重庆作为中国最早外出务工的流出省份，他们的留守儿童已经从第一代过渡到第二代，我们还找到了一些父母曾经有留守经历，现在他们的孩子在老家当留守儿童的案例，这非常值得人们反思，中国人改变命运不是按照年来计算的，而是按照代来计算的，一代人的努力可能改变不了自己家庭的命运。

福建是中国最早出现人口流动的省份，也是最早出现留守儿童的省份。我们调研中看到，福建整体上已经形成了比较完整的产业体系，早期本地人进城务工已经被外出经商所取代，绝大部分人不再是从农民变成产业工人，而是从农民直接变为企业家或者管理阶层。这里不仅有第二代留守儿童，甚至可能出现第三代留守儿童，但更重要的发现是，很多事业有成的富一代都是从曾经有过留守儿童经历的农村家庭走出来的，他们通过一代又一代人不停的努力，已经完全改变了自己家庭的命运。这也从一个反面证明，人们不应该绝对地把留守儿童等同于问题少年或者问题青年。而造成福建留守儿童现象的真正原因往往不是没有足够的经济支付能力，而是现行的教育制度和户口制度导致他们没办法把孩子带在身边，调研中发现大部分留守儿童在暑假都去和父母团聚了，而留在本地的只是少数，其中的缘由就是他们外出没有办法升学考试，只能回到福建参加高考。且在外地也只能够上教育质量较差的民工子弟学校，还不如本地的教育质量高，可见，在经济发展之后，即便是人们有了钱，也难以打破制度的樊篱。部分家庭经济条件较好的儿童则有机会跟在父母身边，进入较为昂贵的私立学校，并最终在大学阶段出国留学。

表 6 − 1　四个调研点的比较

	四川藏区	甘肃	重庆	莆田
经济社会发展阶段	农业社会	前工业社会	工业化中期	工业化后期
留守儿童特征	逆向留守儿童	第一代留守儿童	第二代留守儿童	留守儿童二代和富一代
留守的主要原因	文化宗教原因	经济原因	经济原因	制度原因
数量及变动趋势	少量逆向留守儿童	数量多，比例还在增加	数量多，比例在减少	数量一般，比例在减少

综上所述，四个调研点构成了一个虚拟的时空交错，代表留守儿童现象产生的不同阶段，可以近乎完整地勾勒出留守儿童的变迁史。

首先，留守儿童本身是一个人类社会从农业社会到工业社会演进过程中的伴生现象，它不是独立于整个经济社会运行之外的、中国社会特有的现象，在西方国家工业化过程中也出现过留守儿童。但像中国社会这样大的留守儿童规模可能是史无前例的。因此，看待留守儿童问题应该充分考虑它产生、出现和蔓延的背景。

其次，留守儿童的出现某种意义上讲是经济发展进步的体现，却是社会发展退步的缩影。与四川藏区相比，甘肃、重庆和福建的经济发展程度要更好些，可以说留守儿童是在中国经济发展大背景下出现的，一定程度上体现了经济发展进步对人们生活方式的改变，农村家庭试图改变命运就必须融入工业化、城镇化之中，从而产生留守儿童。另一方面，留守儿童的出现以及潜藏着的种种问题却反映了社会发展的退步倾向。工业化社会家庭功能弱化之后，对儿童保护的社会政策和社会制度尚未完善，而传统的家族和家庭互助制度却逐渐消退，导致数量庞大的留守儿童成为问题儿童的可能性增大。这就折射出中国在沿着工业化路径前进过程中经济与社会不平衡发展的内在困境。

最后，留守儿童现象在特定的制度环境下不会自然消亡。甘肃和重庆都属于工业化过程中的地区，外出务工和留守儿童的现象较为普遍也符合常理，但福建则属于已经完成工业化的地区，却仍然可以看到较高比例的留守儿童，这说明留守儿童因工业化带来的人口流动而起，却不会因为工业化完成而自然消失。不会自然消失的关键原因是制度樊篱，尤其是户籍制度和教育制度对流动人口的社会区隔，造成赚到钱的福建人不得不把孩子留在家乡接受教育。因此，单纯指望经济发展解决留守儿童问题是不现实的，需要更多的制度改革才能够实现消除留守儿童的目的，而制度改革又非短期内能实现的目标。

通过对四个地区的调研，我们看到了留守儿童的"前世今生"，从逆向留守儿童到第一代、第二代留守儿童，还可以看到从留守儿童中衍生出的富二代，这些都让研究者能够更加清楚地看到留守儿童问题本身的多样性，那么解决留守儿童问题则不能过于简单化和理想化，要从多方面入手。

六 帮助留守儿童的倡导和建议

从留守儿童的"前世今生"来看，经济发展离不开社会进步，单纯的经济发展不可能从根本上解决留守儿童的问题，而帮助和关爱留守儿童需要全社会的积极努力。

第一，倡导家长在力所能及的情况下，尽可能把孩子带在身边。家长是孩子最直接的守护者和监护人，也应该是与孩子情感交流最亲密的人，孩子脱离了父母的成长环境或多或少会受到一些负面的影响，特别是在性格培养方面。

第二，倡导学校不要把留守儿童标签化，多为留守儿童提供学习帮助。留守儿童父母不在身边时，学校老师需要承担更多督导他们正常学习和生活的职责，但在关心留守儿童的过程中，除了少数出现明显问题的留守儿童外，不宜将留守儿童整体上视为一个特殊群体，在学校的宣传栏、张贴海报、工作室和教室上不宜过多出现"留守儿童"的字样。

第三，从产业发展角度推进中西部地区工业化发展，引导外出农民工返乡创业就业。鼓励中西部地区加大引入劳动密集型企业的工作力度，尽可能推动本地就业的发展，引导有经验、有技术外出农民工返乡就业、创业，并逐步实现就业本地化和人口城镇化，让留守儿童与父母之间的距离缩小，从而减少留守儿童家庭的数量和比例。

第四，针对流动人口和进城务工农民工逐步放开户籍和教育限制，实现公共服务均等化，特别是打破教育的限制很重要。造成一些经济较为发达地区的留守儿童的主要原因就是在流入地没法解决教育问题，而不是来自经济上的压力。相比较而言，后发展地区的留守儿童则同时面临着经济上的压力和制度上的困境，解决起来不仅要打破制度樊篱，还要想办法保障他们的经济收入。

第五，需要更多社会力量和公益组织的倡导与努力。在解决留守儿童困境的过程中，我们看到一些政府部门、企业组织、社会力量和公益组织的参与。但是这些参与针对数以千万计的留守儿童而言是杯水车薪，留守儿童需要更多的社会力量和公益组织参与进来，也需要更多的热心人为他们提供帮助和关爱。

参考文献

周福林、段成荣：《留守儿童研究综述》，《人口学刊》2006 年第 3 期，第 60～64 页。

潘璐、叶敬忠：《农村留守儿童研究综述》，《中国农业大学学报》（社会科学版）2009 年第 2 期，第 5～17 页。

吴桂艳、陈金：《留守儿童研究综述》，《金卡工程》2011 年第 3 期，第 297～298 页。

李玲、黄艳苹：《国内留守儿童研究综述》，《社会心理科学》2010 年第 3 期，第 23～25 页。

张海清、袁丽丽：《留守儿童研究综述》，《社会心理科学》2014 年第 6 期，第 37～40 页。

黄艳苹、李玲：《国内留守儿童研究综述》，国际中华应用心理学研究会学术年会，2007。

李胜昔、雷玉明：《农村留守儿童研究综述》，《科教导刊》2014 年第 5 期。

陈昕苗、汪茵：《中国留守儿童研究综述》，《青少年研究与实践》2015 年第 2 期，第 1～5 页。

叶敬忠、王伊欢、张克云等：《对留守儿童问题的研究综述》，《农业经济问题》2005 年第 10 期，第 73～78 页。

韩晓明、李雪平：《农村留守儿童心理问题研究综述》，《山西农业大学学报》（社会科学版）2013 年第 1 期：第 28～32 页。

李静、刘畅、侯福妍等：《我国留守儿童发展研究综述》，《高校社科动态》2017 年第 1 期。

段成荣、周福林：《我国留守儿童状况研究》，《人口研究》2005 年第 1 期，第 29～36 页。

吴霓：《农村留守儿童问题调研报告》，《教育研究》2004 年第 10 期，第 15～18 页。

范方：《亲子教育缺失与"留守儿童"人格、学绩及行为问题》，华东师范大学心理系博士学位论文，2004。

段成荣、杨舸：《我国农村留守儿童状况研究》，《人口研究》2008 年第 3 期，第 15～25 页。

段成荣：《解决留守儿童问题的根本在于止住源头》，《武汉大学学报》（人文科学版）2016 年第 2 期，第 15～18 页。

刘霞、范兴华、申继亮：《初中留守儿童社会支持与问题行为的关系》，《心理发展与教育》2007 年第 3 期，第 98～102 页。

谭深：《中国农村留守儿童研究述评》，《中国社会科学》2011 年第 1 期，第 138～150 页。

肖富群：《留守儿童社会化状况的实证研究》，《广西民族大学学报》（哲学社会科学版）2007 年第 5 期，第 49～55 页。

李星贵：《留守儿童社会化问题探析》，《农村经济》2007 年第 8 期，第 120～122 页。

范先佐：《农村"留守儿童"教育面临的问题及对策》，《基础教育改革动态》2005 年第 7 期，第 7～15 页。

于慎鸿：《农村"留守儿童"教育问题探析》，《中州学刊》2006 年第 3 期，第 128～130 页。

许传新：《"留守儿童"教育的社会支持因素分析》，《中国青年研究》2007 年第 9 期，第 90～94 页。

马良、郭玉飞：《儿童保护政策与留守儿童社会支持系统——对贵州毕节留守儿童自杀事件的反思》，《青少年研究与实践》

2015 年第 4 期，第 8 ~ 12 页。

卫甜甜、张波：《社会支持网络视角下贵州毕节留守儿童自杀行为的述评与反思》，《青少年研究与实践》2015 年第 4 期，第 1 ~ 7 页。

王道春：《农村"留守儿童"犯罪原因及预防对策刍议》，《北京青年政治学院学报》2006 年第 3 期，第 27 ~ 33 页。

裴小梅：《"留守儿童"犯罪的社会干预——"留守儿童"犯罪引发的思考》，《河南师范大学学报》（哲学社会科学版）2008 年第 2 期，第 128 ~ 131 页。

郭津、衣晶、朱宏斌：《中国农村留守儿童犯罪问题探析》，《中国农学通报》2009 年第 21 期，第 363 ~ 366 页。

图书在版编目（CIP）数据

前世今生：留守儿童社会形态的多样化考察／田丰，
郑少雄著. -- 北京：社会科学文献出版社，2019.6
ISBN 978 - 7 - 5201 - 3711 - 9

Ⅰ.①前… Ⅱ.①田… ②郑… Ⅲ.①农村 - 儿童教
育 - 研究报告 - 中国 Ⅳ.①G61

中国版本图书馆 CIP 数据核字（2018）第 240377 号

前世今生
——留守儿童社会形态的多样化考察

著　　者／田　丰　郑少雄

出 版 人／谢寿光
责任编辑／谢蕊芬
文稿编辑／黄　丹

出　　版／社会科学文献出版社·群学出版分社（010）59366453
　　　　　地址：北京市北三环中路甲 29 号院华龙大厦　邮编：100029
　　　　　网址：www. ssap. com. cn
发　　行／市场营销中心（010）59367081　　59367083
印　　装／三河市龙林印务有限公司

规　　格／开　本：787mm×1092mm　1/16
　　　　　印　张：7　字　数：93 千字
版　　次／2019 年 6 月第 1 版　2019 年 6 月第 1 次印刷
书　　号／ISBN 978 - 7 - 5201 - 3711 - 9
定　　价／49.00 元

本书如有印装质量问题，请与读者服务中心（010 - 59367028）联系